Stefanie-Lahya Aukongo

Buchstabengefühle

Eine poetische Einmischung

Bibliografische Information der Deutschen Nationalbibliothek

Die Deutsche Nationalbibliothek verzeichnet diese Publikation

in der Deutschen Nationalbibliografie; detaillierte bibliografische

Daten sind im Internet über http://dnb.dnb.de abrufbar.

Stefanie-Lahya Aukongo: Buchstabengefühle – eine poetische Einmischung

1. Auflage, Berlin: w_orten & meer, 2018.

ISBN 978-3-945644-12-6

Coverillustration: SchwarzRund

Gestaltung/Satz: bureau zanko

Lektorat: Flo Sperrle, Sofia Hamaz

Korrektorat: Katharina Krämer, w_orten & meer

Herstellung der verlinkten Audiodateien: Isabel Janke, Sonntagstudios

Druck: Oktoberdruck AG, Berlin

Papier: RecyStar Polar Recyclingpapier, FSC-zertifiziert mit Blauem Engel

Printed in Germany

RECYCLED
Papier aus
Recyclingmaterial
FSC® C002890

w_orten & meer GmbH

Verlag für antidiskriminierendes Handeln

Hasenheide 73, 10967 Berlin

kontakt@wortenundmeer.net

www.wortenundmeer.net

Abgedruckte Zitate / Credits:

S. 16, S. 25: Permission granted Courtesy of Miriam Makeba Estate and Miriam Makeba

Foundation.

S. 142: Peter Fox – Schwarz zu Blau (Musik + Text: Schlippenbach, Vincent Graf von/

Conen, David/Baigorry, Pierre – © 2008 Hanseatic Musikverlag GmbH/ Fixx & Foxy Publ.

Pierre Krajewski/ BMG Rights Management GmbH) Mit Freundlicher Genehmigung

S. 164: Erika Schirmer-Mertke – Kleine weiße Friedenstaube (© Friedrich Hofmeister Musik-

verlag GmbH, Leipzig)

Stefanie-Lahya Aukongo

Buchstabengefühle

Eine poetische Einmischung

Inhalt

Okee, okee, okee, ein Vorwort. In mir bewegt es sich: Welche Wörter müssen vor meine Wörter gesetzt werden, um meine Buchstaben einzuführen? Braucht es wirklich Vorbuchstaben, Vorwörter dafür? Sind meine Worte nicht Existenz genug? Nach einigen Tassen Lieblingskräutertee, zwei Mal schlafen und kritzeligen Pro-und-Contra-Listen auf dem Papier steht fest: Ja, dieses Buch wünscht sich Vor_worte.

Wann immer meine Geschichte ihren Anfang nahm, sie begann, als meine innere und äußere Sprache kaum wahrgenommen wurde, so viele hunderte Jahre zuvor. Die nun niedergeschriebenen Lebensbilder sind Zeugnisse dessen, was danach folgte. Ich habe beschlossen, meine angereihten Buchstaben zu enthüllen, sie herauszuholen: Alle, auch die glänzenden, die kleinen, die verblassten und die leuchtenden. Denn wie kann ich wollen, dass sich diese Welt transformiert, sich zeigt, wenn ich es nicht tue, wenn meine Buchstaben es nicht tun.

Ich bin Lahya. Die Schreiberin, die kaleidoskopisch fühlt, denkt, schreibt und wandert. Hä, wandern? Nicht auf meinen Beinen, die können das nicht, das brauchen sie auch nicht. Ich wandere in den Tälern, Grotten und Bergen meines Selbst, begegne mir, begegne dir. Dabei betrachte ich die Aussicht, und hier und da entdecke ich speiende Vulkane, oder ich sitze meditierend am Fluss des Lebens. Die Dinge, die mir widerfahren, selbst die aufwühlenden und schmerzhaften, versuche ich als Möglichkeiten zu betrachten. Und darüber schreibe ich. Manche der Texte vom Mount Lahya erzählen vom Heute und andere aus einer Zeit, die ich nicht erlebte und die dennoch tief in mir lagert.

Ich war das immerzu lächelnde Kind, das sich kaum zeigte, kaum sprach. Ich sprach schon viel, doch das Tiefe meist nur allein, in Figuren und Orten, die ich um mich kreierte, in meinen Träumen oder auf dem Papier. Ich hatte Angst, nicht verstanden zu werden, ungehört zu bleiben. Mein optisches und emotionales Dasein war auffällig genug.

Ich schreibe, seit ich es kann, und Gedichte seit meinem elften Lebensjahr. Doch erst viele, viele Jahre später zeigte ich ein Gedicht meiner Schwester. Wir weinten beide. Und es brauchte noch ein Jahrzehnt länger, meine Texte auf die Bühne zu bringen. Ich habe mir meine Stimme wiedergeholt. Unter der Asche *w*eißer Vorherrschaft und internalisierter Selbstabwehr fand ich sie nach hunderten von Jahren wieder. Ich habe gelernt, mich zu zeigen, mich wahrzunehmen.

Es fällt mir nicht immer leicht, auch die Fratze in mir anzulächeln. Doch worauf soll ich warten, worauf? Meine Gefühle sind immer anwesend, ob ich meinen Mund zu-

»Dein Haar ist so lang, so lockig, so dicht, weil die Buchstaben in dir keinen Platz mehr fanden.«

sammenpresse, nachts albtraumlaut schreie oder meine Fäuste balle. Dann schreibe ich lieber, poetisiere auf Bühnen, atme zwischen den Zeilen. Ich mache Schwarze Erfahrungen. Ich mache intersektionelle Erfahrungen, denn alle meine gesellschaftlichen Positionierungen sind miteinander verwoben. All diese Anteile finden sich in meinen Texten wieder. Du wirst sie ganz bestimmt entdecken, in den Buchstaben, vielleicht auch zwischen den Zeilen.

Ich hatte einen Traum, mitten am hellsten Tag. Heute weiß ich, es waren meine Ahnen, die zu mir sprachen:»Dein Bauch ist so groß, weil Buchstaben in ihm gedeihen und dein Haar ist so lang, so lockig, so dicht, weil die Buchstaben in dir keinen Platz mehr fanden. Jedes Haar wollte raus. Jedes Haar ist eine Geschichte, eine Erfahrung, ein Buchstabengefühl!«

Ja, mein Bauch ist groß, in ihm wird Liebe und Schmerz und altes Wissen aufbewahrt. Denn in ihm wohnt eine erwachsene Schwarze, von gesellschaftlicher Behinderung betroffene, neurodiverse, von unerschöpflichen Emotionen getragene, löffelzählende, queere, phat-is-beautiful, mehrfachüberlebende Akademikerin, Künstlerin und Aktivistin mit deutschem Pass. Eine ost, weiß, dünn, cis_weiblich und in der Mittelschicht sozialisierte, poly-li_ebende Femme of Color mit einem Einkommen, was sie ab und an begrenzt und ab und an beflügelt, aber nie planbar ist. Eine politische Königin mit angemessen vielen Haaren auf dem Kopf und mit großem Herz. (Stand: Mai 2018) Mit diesen mehrschichtigen Identitäten kann ich es mir nicht leisten, leise zu sein. Ich spreche. Ich spreche, weil ich nicht mehr anders kann, weil es mir hilft, einen spürbaren Ausdruck zu finden. Wenn ich weiter still bleibe, dann sieht es so aus, als würde ich keine Schmerzen spüren, als wäre es okee, was mir und so vielen anderen widerfährt.

Hier und da wird mein Laut bestimmt als wütend wahrgenommen. Das ist in Ordnung, wenn wir uns darauf einigen können, dass Wut als eine heftige emotionale Reaktion auf eine unangenehme Situation verstanden wird. Und im Übrigen: die Stille von so vielen, vielleicht auch von dir, macht mir viel mehr Angst.

Es brauchte viele, viele Jahreswenden, um zu erkennen, dass ich richtig bin, dass Ich_Sein das Beste für mich ist. Ich habe angefangen, meine Stimme zu erheben. Nicht laut und gewaltvoll, sondern wahrnehmbar, lesbar, erfühlbar. Jeden Tag fordere ich mich erneut heraus, mich im dornentiefen Wald der Realität zu behaupten und dabei entdecke ich Blüten, wunderschöne Blüten. All das möchten diese Texte ausdrücken.

Die Grenzen zwischen meinen Ahnen und den Menschen im Jetzt und Hier sind allzu oft fließend, genauso wie die Grenzen zwischen Gefühl und Verstand und meiner Wut und meiner Liebe. Zeit, Berührung, Raum und Buchstaben fühlen sich oft mehrdimensional an. Es scheint mir, als sei mein historisches, kollektives und pränatales Trauma eng mit meinen heutigen traumatischen Erfahrungen verbunden. Ich greife beim Schreiben nach den Wolken und spüre zwischen meinen Fingern die Wurzeln.

2009 veröffentlichte ich meine Autobiografie »Kalungas Kind«. Für die lesenden Personen, die »Kalungas Kind« schon kennen, wird es womöglich überraschend sein, meine Zeilen auf diese Art zu spüren. Doch diese Buchstabengefühle hier sind die fühlbaren Leerzeichen und Abstände zwischen den Zeilen in meiner ersten Autobiografie. Buchstabengefühle ist eine (poetische) Autobiografie, eine Fortsetzung meines ersten Buches. Es sind die Erlebnisse von damals und heute, die ich fühlte und fühle, das Wissen und die unausgesprochenen Worte, die ich versteckte, es sind verwackelte Polaroidbilder, deren genauer Anblick mir Schmerzen zugefügt hätte, und Buchstaben, die damals noch nicht bereit waren, gezeigt zu werden.

Meine Texte sind direkt, sind radikal. Der Duden sagt, dass Radikalität der Wunsch, die Handlung ist, etwas von der Wurzel an verändern zu wollen. Wenn das also radikal ist: Diskriminierende Strukturen zu benennen, eine Welt zu kritisieren, die nicht alle Menschen mitfühlt, Trauma zu benennen, bedingungslose Liebe einzufordern, Realitäten zu diskutieren, dann bin ich gern radikal. Und dazu habe ich auch Stücke geschrieben. Und ja, meine Texte sind hier und da auch realitätsverzweifelnd, das ist okee. Denn sie beschreiben die Welt aus einer Schwarzen, mehrfachausgegrenzten

Perspektive. Wie kann ich da nicht wütend und verzweifelt werden, beim Betrachten des persönlichen und globalen Status quo? Auch darüber gibt es Stücke. Denn dieses Buch richtet sich an alle Menschen, die mit mir sind.

Achtung, Gefahr

Wann kannst *du* explizite oder sublime Schmerzwahrnehmungen in Büchern aushalten und wann nicht? Wann hast du keine Lust mehr meeresseelentief zu tauchen? Wann stoßen unsere (traumatischen) Erfahrungen aufeinander, reiben sich? Kann ich als Schreibende das spüren? In diesem Buch gibt es bestimmt poetische Passagen in konkreter Sprache und drastischeren Erzählungen. Ich wünsche mir sehr, dass dich meine Buchstaben und Realitätsmoleküle nicht so bohrend treffen, wie sie mich eingefangen haben. Ich möchte dir rücksichtsvoll, erfahrungsersparend begegnen, doch ich kann es nicht vorhersehen. Also habe ich versucht, kleine Ruheinseln zwischen den Seiten einzubauen, und habe Unwohltunwörter mit kl***** Sternchen unlesbar markiert, um sie nicht erneut zu reproduzieren. Doch die Erzählungen und Worte sind existent, real. Sie werden immer noch gespürt, erlebt – für die eine Person hier, für eine andere Person dort. Wenn wir sie teilen, dann können sie vielleicht ein Fühlmal, ein Denkmal der Heilung markieren.

Ich verwende in diesem Buch die Begriffe »Gedichte« und »Poesie«, weil wir uns auf eine Sprache einigen müssen_wollen. Erwähnen möchte ich dennoch, dass mich das ein wenig unglücklich macht, weil ich mich in meinem Sprachgebrauch an das englisch-sprachige »poetry« halte, solange ich noch keinen passenderen Begriff auf Deutsch gefunden habe. Denn assoziiere ich Gedicht und Poesie, dann werden diese meist von weißen, cis-männlichen und akademischen (toten) Poet_innen dominiert. Die Poesie, von der ich spreche, bekräftigt, überlebt, spielt, befreit, feiert und wehrt sich, benennt Ausgrenzung, Diskriminierung und Schmerz, dekolonisiert und lässt Machtverhältnisse und Dominanzstrukturen fühlbar werden.

Viele der Texte im Buch sind Spoken-Word-Texte. Sie leben vom Stampfen auf den Boden, von der Stille zwischen den Buchstaben. Sie leben, weil meine Mimik, meine Gestik, meine Tränen, meine direkte Ansprache, meine Musik und mein Gesang sie lebendig werden lassen. Das zu spüren, überlasse ich nun dir. An Stellen, wo es bewusst singen und klingen darf, findest du dieses Zeichen: ♪ . Genieße die Musik, genieße kurze Stille.

»Denn dieses Buch ist Schmerz und Selbstermächtigung zugleich.«

Ich teile meine Geschichte_n, meine poetische Biografie mit dir. Ich zeige mich persönlich. Dies ist meine Perspektive. Sei gern sparsam mit der möglichen Schuld in dir und möglichen Zuweisungen im Außen. Sei unbedingt großzügig mit deiner Verantwortung und mit deiner Liebe. Denn dieses Buch ist Schmerz und Selbstermächtigung zugleich. An vielen Stellen forderte es mich auf zu lernen, noch mehr zu fühlen, zu hinterfragen, zu fragen. Vielleicht wird es dir auch so ergehen?

Buchstabengirlanden

Der Faden meiner Poesie gleicht einer Girlande aus Buchstaben. Langsam und ungleichmäßig bewegt sie sich ganz deutlich an meinen Gefühlen entlang. Ein Gefühlsleitfaden, der sich ahnenrot schon durch mein ganzes Leben zieht. Ich adaptiere

alte Worte, gebe ihnen neue Bedeutung, passe sie an meine Re-
alität_en an – und mache auch vor Sinnsprüchen nicht halt. Ein
Original von Miriam Makeba[1] fühlt sich in meiner Welt so an:
»Ich habe der Welt nur meine poetische Wahrheit gesagt und
wenn meine Poesie ›politisch‹ ist, was kann ich tun?«

Die hier beigefügte Sammlung sind Gedanken, Gefühle und
Erlebnisse meines Alltags. Die Texte sind nicht chronologisch
oder nach irgendeinem Muster aufgebaut. Ich sortierte sie intuitiv. Gilt das schon als Methode?

Sie können in beliebiger Reihenfolge gelesen werden. Es sind
Gedichte, Einsatzromane, medizinballleichte Erinnerungen an
ein Morgen. Manche Texte bilden eine lange Kette von Buchstaben und manche sind sieben Worte kurz. Meine Dringlichkeit,
Bedürftigkeit, mein Kampf und meine Gesellschaftshoffnung
rufen nach unterschiedlichen Ausdrucksformen und dann lässt
mich mein innerer Stift spüren, welche Form ich zu wählen
habe. Mitunter sind es performative Texte, die ich auf Bühnen
lese, so wie »Dein Schweigen schützt Dich nicht oder Mount
Lahya« und auch ganz stille Texte wie »Machen«.

Geschriebene und gesprochene Worte leben, sie wachsen
und verändern sich. Sie bedeuten morgen vielleicht etwas Anderes. Das war die größte Hürde, die ich nehmen musste, in der
Transformation von einer stillen Gedichteschreiberin zu einer
machtkritischen Spoken-Word-Künstlerin auf Bühnen und hin
zu der Person, die diesen Band veröffentlicht: die Unveränder-
lichkeit gedruckter Buchstaben anzunehmen – meine Buchstabengefühle nicht spontan anpassen zu können (sie dir nicht
vorlesen zu dürfen), sie durch die Intonation, den Ausdruck in
meinem Gesicht, durch Gesten nicht intensivieren zu können.
Was wenn es sich übermorgen anders anfühlt? Was wenn

---

1 »Ich habe der Welt nur die Wahrheit gesagt, und wenn meine Wahrheit
›politisch‹ ist, was kann ich tun?« – Miriam Makeba (Permission granted
Courtesy of Miriam Makeba Estate and Miriam Makeba Foundation)

gedruckte Poesie auf dem Papier nicht tanzt, empowert, wütet, sensibilisiert oder liebt?

Mir geht es darum, eine Sprache zu benutzen, die berührt, blüht, dekolonisiert, die scharfzart und weichkantig zwischen den Zeilen ist, und zu Menschlichkeit hinlenkt. Alle hier geschilderten Erzählungen sind real – reale Ängste, reale Begegnungen, reale Wünsche, reale Albträume, realer Afrofuturismus. Ich begreife Poetry aus marginalisierter Perspektive als widerständige Praxis des Überlebens. Mein Überleben in einer Welt, die nicht für mich gemacht wurde, konnte ich vor allem durch mein Schreiben, durch Gesang, Malerei und Fotografie sichern. Für andere sind es andere Kunstformen – sie alle sind Widerstand und Protest für Menschen, die systematisch an den Rand gedrängt werden.

Von A bis Ü

Diese Buchstabengefühle entspringen (m)einer schon beschriebenen vieleckigen Seele, die trotz Dankbarkeit und Lebenslust nicht anders kann, als erfahrene Missstände zu benennen, um die eigene und die Seelen anderer aufzurütteln und – sofern sie es möchten – ein wenig zu heilen.

In mir gibt es Stimmen. Sie sprechen miteinander. Da ist diese eine, die sich wünscht verstanden zu werden. Laut aufgeregt spricht sie:»Was, wenn meine Buchstabengefühle und die vielen Zeilen dazwischen verkannt, einfach missverstanden werden? Ich möchte doch alles richtig machen!«
Eine andere antwortet ganz neunmalklug und bissig:»Ja, du hast recht, sie werden dich auffressen, wenn du Dinge nicht gecheckt hast. Du hast Buchstaben gesät. Manche sind schön und manche eben bewegungsherausfordernd. Ob sie Pflege erfahren,

wachsen dürfen, die Landschaft verändern oder grünen, das obliegt dir nicht«, und ironisch fährt sie fort, »Du brauchst unbedingt einen Notfallplan. Zieh am besten gleich zum Mond!«

Noch eine andere ruft: »Lahya, das sind deine Geschichten, deine Back_ein_mischung, deine Gefühle. Es gibt kein Richtig und kein Falsch, keine ›gute Einmischung‹. Das wollen sie dir an soooo vielen Orten einreden. Es geht um Lernprozesse! Bleib ruhig und sei offen für Dialoge. Das machst du doch sonst auch!«

Dann schmunzle ich und beruhige mich wieder ein wenig. Vielleicht liege ich mit einigen meiner Buchstaben ganz daneben, verletze, bemerke nicht, dass auch meine gesellschaftlichen Privilegien mich so einlullen, dass sie wieder neuen Schmerz verursachen. Das heißt für mich: gesellschaftliche Hausaufgaben machen, lernen, Dinge anders machen, Verantwortung übernehmen und von vorne beginnen.

Um meinen Schmerz in wahrhaftige Heilung umzuwandeln, muss_te ich meine Grenzen der Sicherheit auflösen: Grenzen, die mich bisher dazu gebracht hatten, bestimmte Dinge aus Angst, Scham oder Resignation nicht zu tun. Ich gehe also meinen Weg in dem Wissen, dass ich Lernende bin und im Wissen darum, dass ich diesen Weg gehen muss, um alte Narben anzunehmen.

Ich wünsche mir künstlerische, queer-feministische, antidiskriminierende und auch poetische Räume, in denen ich nicht 100% »woke« sein muss, um sein zu dürfen. Ich fordere von mir und anderen ein Innehalten, ein Austauschen, ein Sich-Trauen, ein »Auf-Den-Kopf-Drehen« der Norm, ein Bekennen zur Liebe und gesellschaftlichen Humanisierung. Denn die Verwobenheit meiner gewaltvollen Lebensrealität_en ist nicht natürlich gewachsen. Meine Rassismuserfahrungen sind tintenfischarmig. Sie wirken sich auf alles aus: auf Körper, Ökonomie, Gender, Schönheit, Sexualität, Gewalt,

Geschlecht, Alter, Ökologie, Gesundheit, Trauma, Kunst, Ressourcen etc. und finden sich eben auch in poetischen Buchstaben.

Ich schreibe aus einer intersektionellen Perspektive. Alle meine Ausgrenzungserfahrungen kommen wie an einem Straßenknotenpunkt zusammen. All diese Anteile können nicht alleine gedacht werden. Für mich bedeutet das ein höchstmögliches Wahrnehmen und Annehmen all meiner Unterdrückungen und Privilegien. Ich verstehe darunter aber auch, die Berührungspunkte meiner kollektiven und individuellen Anteile zu fühlen, zu heilen und poetisch zu verwandeln.

Ich schreibe für alle Menschen. Na ja, ich schreibe für die, die sich aus den kolonisierten Fängen gesellschaftlicher Norm und Unterdrückung befreien wollen. Die bereit sind, meine Zeilen bis zum Schluss zu spüren und das diskriminierende Umfeld, was sie prägt, zu hinterfragen. Ich schreibe ganz besonders für die Menschen, die selbst nur eine klitzekleine Seifenblase gefüllt mit Mut und Veränderungswillen in sich bemerken.

Hier nun sind meine miteinander verwobenen Buchstaben, meine aufständische Poesie, meine gesellschaftliche Einmischung, von A bis Ü und darüber hinaus. Hier ist mein Schmerz, den ich viel zu lange in mir trug, meine Liebe, die oft umherirrt, in dieser quadratischen Welt, in die meine Mehreckigkeit nicht passt und Gefühle der Hoffnung, die meine Welt strahlend Türkis werden lässt.

Ich möchte dir meine Buchstaben borgen, auf Zeit. Denn irgendwann brauche ich sie wieder. Vielleicht begleiten sie dich eine Weile und du lässt sie über Nacht in dich einwirken.

Ich wünsche mir, dass diese bunt bemalten Buchstaben ihren Weg zu dir finden.

Viel Liebe, viel Entdeckungslust, viel Achtsamkeit mit uns allen,

Deine Lahya

Ich schreibe, wie ich schreibe. Ich folge den Regeln, die der Rat der Rechtschreibung festlegt, so gut ich es kann und möchte. Ich weiß nicht, ob meine Kommas an der richtigen Stelle gesetzt sind, ob sich meine Groß- und Kleinschreibung in das hier gängige System durchwährend einordnen lässt. Das macht (mir) auch nichts, denn ich möchte einfach nur fühlen und meine Buchstaben erfühlbar machen. Ich vertraue darauf, dass (meine) Poesie das leisten kann. Auch wenn ich mich durch ein *w*eißes Bildungssystem »schleppte«, hat mein Herz hier und da eine normparallele Orthographie für sich gefunden. Wann ist ein Tippfehler ein Tippfehler? Wann ist was gewollt? Bevor du dich in deinem Lesefluss stark unterbrochen fühlst, frag dich gerne:

Kannst du mich fühlen?
Kannst du dich fühlen beim Lesen meiner Texte?

Und so kommt es, dass ich Mutteer mit Doppel-»e« schreibe, um an meine verstorbene Großmutter zu erinnern. Vielleicht ist das komisch, aber ich finde, dass es in der deutschen Sprache zu wenige doppelte Vokale gibt. Denn auf Oshiwambo heißt Großmutter Meekulu.

Den Unterstrich verstehe und verwende ich einerseits als fluide Verbindung zwischen zeitlichen, räumlichen und sprachlichen Realitäten. Andererseits stellt dieser den Gender-Gap dar, eine Schreibweise mit Unterstrich (z.B. Lehrer_innen), die das binäre System von Mann und Frau aufbrechen möchte und Raum für weitere Gender-Identitäten und Identitäten außerhalb von Gender ermöglichen soll. Die Bezeichnungen »Schwarz« und »*w*eiß« werden in diesem Buch durch die Schreibweise (großes »S« und kursives »*w*«) als soziale Konstruktionen gekennzeichnet.

Ach und manche Texte sind in englischen, oshiwambo, deutschen und gefühlten Worten geschrieben. Denn unterschiedliche Themen brauchen für mich auch unterschiedliche Sprachen.

So hatten auch Lektorat und Korrektorat für dieses Buch nicht den Sinn, das Geschriebene zu »korrigieren«, sondern vielmehr den Zweck, die Poesie besser zur Geltung zu bringen. Denn Schreibweisen und Geschriebenes allgemein sind nicht dafür da, »sprachlich korrekt« zu sein, sondern auf ihre eigene Art zu bewegen.

Poetische Buchstaben geben meinen ozeanischen Gefühlen Raum. Sie haben kein Ende, gehen über Z und Ü hinaus. Auch wenn du die letzte Seite gelesen hast, hört das Buch nicht auf, es geht eigentlich schon wieder von vorne los oder eben auf Seite 79. Damit du eine kleine Orientierung hast, gibt es am Ende ein Sich_Finden-Verzeichnis. In ihm findest du Streichelworte (keine »Stichworte« und auch keine »Schlagworte«), die zu meinen Texten hinführen. Bitte denke dir gerne eigene weitere aus. Auch du darfst in dieses Buch hineinschreiben. Denn dieses Buch möchte leben, darf sich bewegen. Wenn es Begriffe und Worte gibt, die du nicht kennst, dann schaue gerne in das Glossar am Ende des Buches. Oder suche in aktueller Literatur und in anderen Texten, was sie bedeuten. Mein Tipp: Suche nach Autor_innen, die Besagtes auch real erleben, fühlen und damit konfrontiert sind.

Auch die aktuelle Zukunft ist hier angekommen. Um ihr zu begegnen, habe ich einige der geschriebenen Worte akustisch zugänglich gemacht oder untermalt.

Dort hin gelangen könnt ihr wie folgt: Hier und da sind am Rand kleine schwarz-weiße Würfelmuster, auch QR-Codes genannt, zu finden. Diese QR-Codes sind Links, also Verknüpfungen, die mit dem Smartphone eingescannt werden können. Du brauchst also (1) ein Smartphone, (2) einen QR-Reader, der in einem App-Store heruntergeladen werden kann, dann kannst du (3) die Codes einscannen und somit (4) schnell und einfach die in diesem Buch verlinkten Inhalte aufrufen und das Stück vielfältig fühlen.

Alternativ kannst du SoundCloud aufrufen, indem du den Link hier: https://soundcloud.com/user-860032128/sets/ buchstabengefuehle manuell in einen Browser eingibst. Sound-Cloud ist ein Online-Musikdienst zum Austausch von Audiodateien. Dort findest du die ausgewählten Stücke als abspielbare Liste, die Sounds zu Buchstabengefühle. Dafür ist dann kein Smartphone und keine App notwendig, nur irgendein internetfähiges Gerät. Statt dann die QR-Codes einzuscannen, die im Buch auftauchen, findest du auf SoundCloud dann eine Übersicht, welche Datei zu welcher Seite im Buch gehört.

#WirSindAlleSo2018

Ich habe der Welt nur meine poetische Wahrheit
gesagt und wenn meine Poesie »politisch« ist, was
kann ich tun?

Lahyas Version eines Zitates
von Miriam Makeba

Es gibt zu wenig Gedichte
von meinen Leuten
Zu wenig

Keine Geschichten
weil die Buchstaben ertrinken,
ertrunken sind
im Meer
Das tote Meer ist überall

Lebensbejahende Rufe
aus dem tiefen Grund
Sie heilen nur im Licht ihrer Ahnen

Oben wütet ein Sturm
unten ist es still
Die Ruhe vor der Ruhe

Leben
ist nicht für alle bestimmt
Leben,
das dürfen nur die Toten,
sagen die,
die überleben

Warum schreibst du sie auf, die
Geschichten deiner Leute?
Weil ich sie
aufklauben,
angeln muss

Buchstabe
für Buchstabe für Buchstabe

aus dem Meer
Tiefes Mehr

Ich fühle in Farben
Ich fühle meine eigenen Farben
Meine eigenen Gefühle?
Alle fühlen ihre eigenen Gefühle!
Und meine
transformieren sich in Buchstaben

Nachts höre ich das Rascheln buntgefärbter Blätter
Angst ist grau und Liebe sieht türkis aus
Self-care ist orange
Schmerzweiß, ich fühle schmerzweiß
Mut ist dunkellila und Hoffnung auch
Scham und Berührung fühlen sich lindgrün an
Unsicherheit ist marine und Wut ist gelb
Die innere Stille, die schöne Stille, das
Gefühl verbunden zu sein färbt sich in umbra

Ich höre das Rascheln buntgefärbter Blätter
Es sind Blätter des Überlebens, des Widerstands, der Liebe

Pulakena, Pulakena
Hör zu! Höre zu! Listen!

Sie erzählen

We are connected
        Alles ist aus Liebe entstanden, wir sind es
Du kannst doch heute nur geben, weil du einst gestohlen hast
        Black is the new and the old Black
Ent_innere dich
        Verkörpere dich
Zeige dich

Ich höre das Rascheln buntgefärbter Blätter
ganz zart, ganz leise nehme ich alles um mich herum wahr
Ich bewege mich
weiter
Bäume   Häuser   Cafés   ein geöffnetes Fenster
Hochparterre   Musik
Lautstark
Die Boxen spielen: Talking 'bout a revolution
Wow, ich denke an das Album von Tracy Chapman
Erst viele Jahre später verband ich mich damit
»Afrolution«, summt es in mir
»Afrolution!«

Ich könnte jetzt sagen, das war ich nicht
Das musste einfach so schnell gehen
Doch manchmal oft
Mache ich Fehler, kenne nicht alle Worte, spreche ich Dinge
anders aus
In den Sprachen, die ich mühsam erlernt habe
Denn meine erste Sprache ist die Musik
Weil meine Behinderung und mein Trauma mich kämpfen
ließen
Ich mich in der Schule kaum konzentrieren konnte
Weil mein taubes Ohr den Unterschied in der Aussprache
kaum hören kann
Weil raschelnde Bäume auf dem Schulhof mich beruhigten
Weil aufwühlende Nächte mich kaum konzentrieren ließen

Jedes Wort, was ich mir merkte
Und was ich heute noch in meinem Gehirn trage
Ist golden
Denn ich habe Stupidesauswendiglernschwierigkeiten und
Unnützeswissenabsorbierensyndrom

Von was rede ich eigentlich
Von diesem Blatt
»Opression« mit einem »p«
Ich wollte es erst verstecken, da es mir peinlich war
Weil ich es erst später, nach dem Auftritt bemerkt habe
Aber ich werde dieses Bild trotzdem nutzen
Als Zeichen
Weil es nur aufmacht
Wie perfektionistisch etwas sein muss
bis es sein darf
Weil nur die stärksten, die es besser_wissen,

weiter kommen
akademischer sind
Und ich all das nicht bin oder nur bedingt
Weil es mich erinnert
Weil ich sehe, wer darüber urteilt und wer nicht
Ich soll lernen, die Dinge richtig auszusprechen, irgendwie
mehr wie native speaker klingen
Ich sollte die Grammatik lernen
Auf Deutsch
Ich sollte die Wörter in den Songs besser aussprechen,
Weil ich sonst am Markt
nicht bestehe
Es ablenkt
Also wurde ich wieder traurig und verzweifelt
Und leise antwortete ich, dass es westlich ist, *w*eiß
hetero-normativ, klassistisch,
bildungs-dingsbums-irgendwas
Dass mein Anspruch lautet:
Nicht die besten, sondern alle.

Ich schwieg, als mir gesagt wurde, dass meine Aussprache so
deutsch sei
Schwieg und weinte, als mir gesagt wurde, dass die Person
meine Texte nicht weiter lesen möchte und erst korrigieren
will, weil mein Text mit den vielen Fehlern nicht lesbar sei
Ich schwieg, als mir gesagt wurde, dass Personen dann nicht
gut zuhören können, wenn ich beim Sprechen stolpere
Weil es ihre Hörgewohnheiten hindert
Ich schwieg

Ich schweige nicht mehr!

Das bin ich
Ich schreibe, rede, performe, moderiere und singe
Eben auch auf Englisch, Französisch, Spanisch, Deutsch, und
mal richtig und mal anders
Denn eigentlich hätte ich Oshiwambo sprechen müssen
Nichts Anderes
Aber ich wurde aus meinem Leben rausgezogen, entrissen,
kolonialisiert und verschleppt
Und lernte dafür Kolonialsprachen, *w*eißes Wissen
Informationen, die sich meine Seele nicht merken konnte
Und meinen Geist quälten

Also jedes Fremdwort, jede andere Sprache, jede Formel, jede
Logik, jede Wissenschaft, die ich heute verwende, um mit Euch
zu kommunizieren, ist golden
Denn wem eifern wir da eigentlich nach?
Was ist wirklich richtig?
Also hier ist mein
»All opression is connected« mit nur einem »p«
Deal with it!

Poesie berauscht
Lässt wandern
Gedanken tanzen
Ganz seicht
Ganz zart
Worte bekommen Flügel
Und die Stille zwischen den Zeilen wird erfüllt
Poesie öffnet Türen und Fenster
Splitter
Ausblicke

Jedes Wort eine seelenerfüllte Reise
Poesie hilft, um die Freiheit in sich selbst zu schärfen
Sie ist leise
Sie ist laut
Sie ist echt
Sie ist brachial
Poesie berauscht
Poesie ist mein
Poesie ist meine Sprache

Als ich nach Deutschland kam,
steckten Granatsplitter in meinem ganzen Körper
hunderte, klitzekleine

Als ich nach Deutschland kam,
war es nicht klar, ob das Wasser, in dem ich lebte, sicherer war
als das, was danach folgen sollte

Als ich nach Deutschland kam,
waren meine Kindheitsfarben nicht orange, gelb oder lila
Meine waren navy-camouflage und ärzt_innenweiß

Als ich nach Deutschland kam,
trug ich schon koloniales Wissen in mir,
und verborgenes Schwarzes Wissen meiner Ahnen grub ich
Stück für Stück aus meinem Herzen heraus

Als ich nach Deutschland kam,
waren sich Fachärzt_innen einig, dass ich schon genug gelebt
habe und mehr von mir nicht zu erwarten ist

Als ich nach Deutschland kam,
war ich dem Tod näher als dem Leben

Als ich nach Deutschland kam,
hatte ich im Bauch meiner Mutteer schon so viel gesehen, dass
nur noch Gesang, Tanz, Schreibkunst, Fotografie meine Seele
heilen konnten, können

Als ich nach Deutschland kam,
war ich im Bauch meiner Mutteer

Als ich nach Deutschland kam,
waren es Monate nach dem Anschlag von Kassinga, 1978

Als ich nach Deutschland kam,
war ich inmitten meines Schmerzes
war beseelt von Begegnungen und Bewegungen
von
Li(e)beration
Später war ich
gehalten von den
Selbstbefreiungen unterdrückter Herzen

Eat my words
My words, my voice
The color of my words matter
Words of Color matter

Ich habe nie um Worte ringen müssen
Sie durchfließen mich
Ich darf warten und sie erscheinen
Doch nur auf dem Papier, da scheint es einfacher

Laute, spontane Worte machen mir Angst
Also schreibe ich
Sie kommen aus mir heraus
Buchstabengefühle
kommen aus mir heraus
Wie in einer Warteschlange müssen sie dann warten, sich
einreihen, die Themen, bis ich bereit bin
Ich schreibe,
weil ich keinen Krimi, keine ausgedachten Märchen schreiben
möchte
Um mich im Inneren und Äußeren zu finden
Was ich sehe, was sich bewegt
Und mich bewegt

Ich schreibe, was ich erlebe
Denn das Leben hat mir zu viele Buchstaben in meinen
Lebensrück_sack gepackt
Mehr als ich tragen kann
Ich schreibe, um meinen Rucksack zu leeren
Diesen schweren Rucksack
Doch er leert sich nicht. Oder nur langsam.
Ich schreibe, bis nur noch y und ü und wenige v übrig sind
Ich schreibe, um zu leben, zu überleben. Um über meinen Tod
hinaus real zu sein
Damit sie mich nicht löschen
Kein Strg + X
Ist das egoistisch?
Ich schreibe trotzdem

Ich schreibe. Ich schreibe so viel. Ich schreibe, weil Tennisarme
etwas für Anfänger_innen sind
Ich schreibe, damit sie mich hören
Nicht nur Vögel im Baum vorm Haus
Und dann rede ich, ich poetisiere laut
Damit sie, also alle, nicht mehr sagen können, sie hätten es
nicht gewusst

Ich bin auf der Bühne
zeige meine Narben, meinen Bauch, meine schielenden Augen
Ich zeige meinen schönen Mund und meine weiche braune
Haut
Ich zeige mein »falsches« Englisch und meinen unsicheren
Stehstand
Ich zeige euch meine Privilegien und meine Nicht-Privilegien
All das zeige ich euch
Ich verstecke mich nicht davor, dass ich im Alter wahrschein-
lich nur 432,00 Euro Rente bekommen werde
Ich erzähle euch von meinem akademischen Grad, den ich mir
zwischen Euch sitzend erquält habe
Weil ich mir nichts merken konnte
Weil mein Körper durch die Türen der »Höheren Schule«
nicht reinpasste, nicht durchpasste, ihnen nicht passte
Weil ihr mich da nicht haben wolltet

Ich spreche davon, dass ich, ob Deutschland das will oder
nicht, einen Pass habe, der mir
Meinungsfreiheit und
Redefreiheit und
Reisefreiheit und
all die Dinge erlaubt, die ich tue
die ich heute hier sage, poetisiere

Ich zeige euch nicht
was ihr glaubt
Ich zeige euch
was ich zu lange glaubte
Ich lasse euch mutmaßen
Wo ich mein Gender genau ver_orte
Irgendwo ganz zartbrachial, vor Gewalt schützend
auf einem langen seidenen Faden, Band
kreist es um sich selbst
Denn fette, behinderte, verRückte, Schwarze Körper haben
kein_e Geschlecht_er

Mein Gender balanciert auf dem seidenen Faden
Balanciert irgendwo
zwischen cis-*weiß*-dünn-sozialisierter Norm
Irgendwo dazwischen
Irgendwo zwischen zu lange nicht hinterfragt
Irgendwo zwischen gewaltvollen systemischen Dingsbums
und meinem eigenen Ich,
als mehrfachverwobene, geschlungene
radikale Femme of Color

Am Ende zwei Knoten, um sich im Spektrum nicht zu verlieren
Seidenes Band
Ich singe und ich schreibe
Ich schreibe, weil es mich in diese Welt hineinbringt
Ich hier sonst nicht bleiben kann, zwischen Euch
Diese Hieroglyphen mich erinnern lassen
Ich schreibe Buchstabengefühle auf,
für uns

This is our world
We live in a society where »less« is the new »more« and that's
what we adore
Where we are dressed in less and confess the less
Are depressed and stressed
Unless we request

Here we go:

Our children unwanted respectless
Feelings heartless
Relationships meaningless
Police and leaders shameless

The youth jobless
Food fatless
Cooking fireless
And phoning wireless
People at 64 ageless
Teenagers aimless
And models too weightless

War children parentless
Politicians visionless
Forests treeless
Victims tearless
And TV so useless
This is our world
It's like a mess
Too much less

Meinst du mit radikal:
Konsequent zu sein
Unnachgiebig
Gründlich
Deutlich
Das Bestreben, die Gesellschaft umfassend (an der Wurzel) zu
verändern
Meinst du das?
Meinst du mit radikal,
Dass ich deine Gedanken und Gefühle da lasse, wo du sie in
Schubladen fein säuberlich abgeheftet hast?
Dass ich es dir bitte nicht unbequem machen soll?
So wie es die Gesellschaft mir »bequem« gemacht hat?
Verstehst du das unter radikal?
Dass ich dich bitten soll, einfach weiterzumachen, so wie es
bisher war?

Still halten soll? Niemand stören?
Nur nicht agieren
Nur nicht reagieren

Meinst du das?

Meinst du mit radikal, politisch?

Bin ich dir zu politisch?
Mein Leben ist Politik
Alles ist Politik
Selbst die Blume, die am Bordstein um ihre Existenz fürchtet
Selbst deines

Ich bin radikal

Ich bin radikal was
Akzeptanz
   Gerechtigkeit
      Mitgefühl und
         Frieden angehen

Ich versuche konsequent zu sein
Um meine Seele nicht zu verkaufen
Um ihr ein wenig Ruhe und Kraft zu geben
Mein Überleben zu sichern
Findest du mich wirklich zu radikal, weil ich mir
zusätzlich
Menschen gesucht habe, denen ich nicht erst »meine Welt«
erklären
muss   muss   muss   muss?
Die sich meine Geschichten
immer und immer wieder
anhören und bei denen ich bestimmen darf, wann Schluss ist,
ich nur ich?
Meinst du mit radikal, dass ich für meine Seele Orte der
Heilung aufsuche, dass ich mich mit Menschen umgebe, die
Aspekte meiner Identität teilen?
Und wo wir dabei sind, mache ich meine doch gleich einmal
sichtbar:

Ich bin eine erwachsene Schwarze, von gesellschaftlicher
Behinderung betroffene, neurodiverse, von unerschöpflichen
Emotionen getragene, löffelzählende, queere, phat-is-beautiful,
mehrfachüberlebende Akademikerin, Künstlerin und Aktivistin
mit deutschem Pass. Eine ost, *weiß*, dünn, cis_weiblich und in
der Mittelschicht sozialisierte, poly-li_ebende Femme of Color
mit einem Einkommen, was mich ab und an begrenzt und ab

und an beflügelt, aber nie planbar ist. Eine politische Königin mit angemessen vielen Haaren auf dem Kopf und mit großem Herz (Stand: Mai 2018)

Mit diesen gesellschaftlichen Identitäten bewege ich mich in dieser Welt
Und gehe meinen »radikalen« Weg

Und du so?

Meinst du mit radikal, dass ich jetzt:
Dein *Weiß*, dein Gesund, deine Zweigeschlechtigkeit, deinen Normkörper, dein, ach weiß ich was...
sichtbar mache und es immer wieder betone, weil bisher das andere, also ich, an den Pranger gestellt wurde?
Findest du es radikal, dass ich nach 500 Jahren Kolonialismus mein Schwarzsein feiere?
Denn bisher haben wir noch keinen Feiertag gefeiert,
der meine Realität darstellt
Oder was machst du am 3.12., am »Internationalen Tag der Menschen mit Behinderung«?
Oder feierst du mit mir den Black History Month im Februar, der by the way Black History Year heißen müsste?
Sag mir,
meinst du mit radikal, dass wir dich ausschließen, weil es soooo viel mehr Orte gibt für dich, als es sie für uns gibt und diese wenigen Orte, wo wir uns geschützt fühlen,
eben Schutzorte sind
#saferspaces

Ich bin radikal
Ich bin radikal

Ich spreche von radikaler Menschenliebe
Menschenliebe
Ich spreche davon, eine Welt mitzukreieren, wo wir alle
Platz
haben können
Ich spreche davon, dass wir uns vor den Problemen dieser Welt
nicht verschließen können, weil sie uns alle angehen
dich und mich
Ich spreche davon, dass ich das nicht alleine schaffe und dich
bitte, mich zu unterstützen, indem du deinen Anteil daran
findest

Radikale Liebe
Radikale Menschenwürde einfordern
Lebenswürde sollte uns allen zuteil werden
Leben
Würde

Diese Worte sind für dich:

Deine Worte sind von Bedeutung.
Ich glaube dir!
Du kannst nein sagen!
Du kannst ja sagen!
Ich akzeptiere, wer du bist!
Was du tust, ist großartig!
Ich vertraue deiner Intuition.
Das war eine sehr gute Entscheidung, dass du menschlich
radikal wurdest.
Danke, dass du so bist, wie du bist!
Ich bin so froh, dass du hier bist!
Du siehst toll aus!
Du musst nicht immer toll aussehen!
Ich verstehe dich nicht, aber ich halte deine Hand.
Ja, ich auch!
Nein, ich nicht!
Ich höre dir zu!
Du erfüllst mein Herz.

You don't have to give birth
You don't have to have a vagina
You don't have to love cis men
You don't have to shave
You don't need to wear straight hair
You don't have to be thin
You don't have to hate your body
You don't have to go on diets
And all the haters,
If you want me to be in your surrounding
Please choose your words

I don't wanna beg you anymore
I won't beg for nothing
I don't need to. I've begged for soooo long, hundreds of years

Black Lives Matter
We matter too
The intersectional Black people matter too
The trans*, inter*, fat, the non-binary, the not funny ones, the
queers, the not sure, the people in the autistic spectrum, the
mad, the cute & conscious ones, the angry ones, the abused,
and the shy, the muslima_s, the traumatised, freaky ones, the
disabled, not radical enough, and the radical ones, the poor,
the old and the brown allies, the domestic workers, the sex
workers, the undocumented, the ones in prison, the homeless,
the people I haven't mentioned here

Shout them out, please
Who else matters?
Who else matters?
Who else is missing?
Shout them out, please!
Tell me now!

_____

_____

_____

_____

_____

Before marginalised people took out their political point (by the way since hundreds of years)
No one shouted out straight pride, or all lives matter, or no inclusion, or men's rights

We will not give you the satisfaction
We will disturb you whenever we are ready
We choose our battles
So, if you are not Black
Don't tell me how I should feel
How I should talk, emote, dress or wear my hair
How I should demonstrate, call out my pain
How I should deal with discrimination, fight for my liberation
How I should adress the legacy of racism

Equality or justice doesn't mean payback
We only shout out our fear, emote our anger, clean up our dirt
It is a question of decolonizing, love and empowerment
We are trying to collapse the whole system of supremacy
Clean up our deepest private areas
Even under our carpets or behind the chaiselongue

I want to speak up about my experience as long as I can
Until my healing process is finalized
How long? I don't know!
Do your homework!
You feel offended
Do your homework!
And if there is a voice inside you which screams and says:
It is not okay what I am telling you?

Do your homework
Because yes, my trauma is loud

einatmen

Die Haut in der ich wohne
Sehnsuchtsüberschüttet
Die Haut in der ich wohne
Gefühlssprache findend
Herzenswundentief
Die Haut in der ich wohne
Verlässt meine Gefühle nie
Die Haut in der ich wohne
Weit, weit, nah
Die Haut in der ich wohne
Noch bunter als schwarz

Mein Blut klebt an ihren Händen
Unabwaschbar
Unwiderruflich
Un_entschuldbar?
Ich weiß es
nicht
Ihre Geschichte ist nicht meine
Meine ist eine andere
Befreiung und Ermächtigung
Schwarzer Holocaust
Tränen

Mein Blut klebt an ihren Händen
Wir sollen nun vergeben
Wir sollen nun einander lieben
Wir sollen nun unser Brot teilen
Wir sollen. Wir sollen. Wir sollen. Wir wollen?
Die Unterdrückung der Unterdrückten durch die Er*drücker
Die Unterdrückung der Unterdrückten durch die Unterdrückten
Und morgen?
Es muss jetzt aufhören
Es muss jetzt aufhören!
Denn mein Blut klebt an ihren Händen
Immer noch
Und eines Tages
ist es vielleicht abwaschbar

Afrikanische Schönheit
Afrikanische Herrlichkeit
Schwarz ist die Farbe des Ursprungs
Schwarz ist die Farbe der Kreativität
Schwarz ist die Farbe der stolzen Schlichtheit
Voller Ehrfurcht entrichten sie ihr Tun
Kreieren ein Mahl von der Tagessaat in umbra
Sie verschenken Liebe in einer so grauen Welt
Ihre Tage lang
Ihre Nächte kurz
Sie fragen sich:
Wir waren die Ersten und sind nun die Letzten
Was ist passiert?

Sie lernten von uns, dem Boden eine Ernte zu entlocken
Sie lernten von uns den Gesang
Sie lernten von uns, das Leben in seiner Zartheit zu würdigen
Sie lernten, den beflügelnden Tanz zu zelebrieren

Viele hunderte Jahre sind vergangen
Zu Viele, um Geschehenes menschenwürdig umzuwandeln
Viel Schwersinn
Zu viel Anpassungsleistung
Selbstliebe als Weg zur Heilung
Einst ist radikale Verbindung
Einst war radikale Verbindung

Die Farbe unter meiner Haut wollen sie *wei*ßen
Täglich male ich sie Schwarz
täglich
nicht braun
Schwarz

Ich trauere
Ich trauere im Präsens, nicht im Konjunktiv

Denn ich bin die Nichte des Mannes, der
auf den Straßen der Stadt Stifte verkauft,
auf dem Arm trägt er sein schlafendes Kind.
Ich bin die Mutteer des Jungen, der mit einem
weißen Kapuzenpulli durch die Nachbarschaft läuft und
mit seinen Süßigkeiten in der Hand eine Gefahr darstellt.
Die Tochter des Mannes, der nicht atmen kann,
auf dem Asphalt liegend schreit er: »I can't breathe«
Und die einzige Person, die aufgrund dieses unnützen Vorfalls
ins Gefängnis muss,
ist der Mann, der eine Kamera in der Hand hielt
Vier Jahre Gefängnis für elf Mal »I can't breathe«

Ich bin die aktivistische Freundin der in
Istanbul verbrannten, verschleppten, ermordeten Trans*person
und Aktivistin
Und mein Schweigen hat sie ermordet
Die Freundin der angestellten Person, die mit stereotypen
Vorstellungen, Bemerkungen, Scham, Fragen, Blicken vollge-
stopft wird
Ich bin die Schwester des Bruders, der in der Gefängniszelle
verbrannte, wo niemand glauben möchte:
Das war Mord
Ich bin die Patentante der vier Kinder, die zur Sonntagskirche
gingen und »Mississippi Goddam« ihren sinnlosen Tod besingt
Ich bin die WG-Mitbewohnerin der geflüchteten Person, die
sich ständig leicht duckend durch die Straßen der Stadt bewegt,
aus Angst etwas falsch zu machen,
um nicht anzuecken am kantigen System der Vorurteile

Also sag du mir nicht, dass meine Erlebnisse illusionär sind,
sag du mir nicht, dass ich mich nicht so haben soll
Dass wir alle Menschen sind
Sag du mir nicht, dass ich radikal bin,
dass ich rassistisch bin und Menschen spalte

Ich trauere
um uns
und ich besinge uns

♫

Your bittersweet violence
heavily loaded on ev'ry tear
My Black words are aching
burning, stumbling, loving, fear

So stehe ich hier
mit trockener Kehle
auf meinen Beinen,
welche die Last der Welt kaum noch tragen können
Ich stehe hier
in meinem Körper die Splitter der Vergangenheit, der
Gegenwart und des Morgens
Ich stehe hier und zeige mich
Meine unsichtbaren und sichtbaren Narben
Meine Trauer bezüglich
Dominanz, Un_sichtbarkeit und Geheimhaltung
Weil mein Trauermarsch unendlich scheint
Und so wird mein Trauermarsch zu einer
Demonstration
»All oppression is connected«
»All oppression is connected«

Ich zeige meine Angst und meine Liebe
Weil ich nicht weiß, wohin ich gehen soll oder kann
Also bleibe ich hier
immer dort, wo ich bin
immer dort, wo ich bin
also hier
ich trauere
im Präsens, nicht im Konjunktiv

♫

Ohhhh, I am mourning
deep in my soul
ooooh, what a feeling
I am sooo tired and bored
Your bittersweet violence
heavily loaded on ev'ry tear
My Black words are aching
burning, stumbling, loving, fear

ausatmen

I am not your friendly neighbourhood feminist
I am no feminist

I am a queer disabled phat neurodiverse Black womanist
A womanist who feels and speaks and lives and talks and
dreams intersectional and Black
For me your feminism or your activism is not enough
Do you really recognize my siblings:
my disabled, mad, old and young, phat, trans*, homeless,
non-academic and those siblings who have experienced
migration
and all the other family members I did not mention?
Can you acknowledge them?

Are they really part of your movement?
Is one of them a member of your board?
Is there a platform so they can speak on behalf of their concerns
in your surrounding?
Do you ask yourself where they are?
And why they are not there?
No, not really, you aren't sure

Community!
What is community for you, for me?
What is community for me?
No tears, no pityful tears, please
I knocked on your doors, so many times
You did not cry when I knocked on your doors
Knock knock
Knock knock

Is anybody there?
Is anybody there?

My identities are bound together
None of them stands for itself
The intersection of every single identity
is part of my whole reality
For instance

Situation 1: Queer and disabled people, please join our
meetings!
My question: And where are the People of Color here? Oh,
okee, you are all white?

Situation 2: Aha, your pay is as high as mine, that is equality
payment for you, really?

Situation 3: Four days with Black people only, wow! Not for
me, my disabled, phat body does not exist for them.
Not in 2015, nor in 2016, nor in 2017

I always have to hide one section, at least one part of me
I hide myself

Hands up, who is a feminist?
When you say »feminism«. I say: Psssst!
When you say »Black lives matter«, I wanna ask you: Really all
Black lives?
When you say »I felt very much represented. Soooo many
cutieBPoCs.« I am speechless and happy at the same time.

How does a person in your imagination of feminism or even
Black activism or even queer activism look like? How?
Are you sure I fit under your umbrella of activism?
Is there enough space for my case, for my identities?

For my disabled, Black, queer and phat body
For my neurodiverse emotions
For my traumatised soul or
my huge heart?
Your female* activism and even your Black activism and even
your queer activism feels a bit worthless without...

Where was the mainstream feminism in times of slavery,
segregation and Black liberation?
Where have they been, the Black people, in times of »my body
my right« for disabled females*?
Did white or Black cis-feminists escort the marches when
trans*gender, non-binary, agender, genderqueer or lgbtiqqaa+
fought for their rights or was it just a fancy party?
Did you ask me to work in your project, your company, me the
intersectional femme?
Did you? Do you?

For me, feminism is not enough
You fight for the freedom of your privileged genitalia
For me, it looks like you are trying to get a huge piece of the
cake of supremacy,
while shouting out the collective, common issues of feminism
or Blackness or queerness
And when you have eaten the cake
You are going home because you are full
and not hungry anymore
And then, there's no more need to fight
No need to stand up for others
What activism is this?

For me your activism or your understanding of diversity
is not enough
Your intersectional work is almost invisible, almost

You are a bit angry about my furious words?!
I can see the speech bubbles over your beautiful heads
What did you say?
Yes, I am able to read your thoughts
It is not your fault that you've got these privileges!
And at the end of the day, you are also tired?
You don't see these problems?
Aha, privileged fragility

♫

And later I look at the pictures of my friends and their friends
I see them at parties and festivals, I see them on panel
discussions, performing on stages and on vacations, I see them
as CEOs in NGOs and so on
And then I realise
No one looks like me
No one walks like me or doesn't walk
No one is really one of my siblings I mentioned at the
beginning

Whew, I am not in your team
You are an exclusive club
Where a lot of us are not able to even ring the bell or reach the
door
And you know what, I don't care anymore
The names of my teams are
#IntersectionalWomanism or #TeamWe

What kind of humanity work is this if…?
Not all humans are included
I see you are doing selfies in front of pictures like these:
No ableism, no racism, no trans*phobia, no fatphobia and so on
And my soul is mourning, is crying a bit
Because deep within I am confessing that I want to be a part of
the »cool kids table«
But every time I experience
these oppressions
these normative behaviours
I say no
Equality is not justice
Freedom is not conformity
And then I speak to my inner me
»Please, my dear, claim your own standards, claim them!«
Activism, real activism is love
I will knock on my own door
knock, knock
Is anybody there?
And I will say: yes

If you really want to know about my intention, pay me attention
Because the justice you are talking about
is no justice for me
It is just ice
Justice, just ice
Melting through my fingers
And in the end I've got nothing
Nothing to hold
Where can I be safe?
Where can I be free?
Where can I be me?
Just me?

Das Eis schmilzt
Was bleibt, sind Erinnerungen
An ein Früher, an ein Gestern, ein Heute?

Zu dunkel:
»Du bist nicht so hübsch, wie die andere mit einer hellen Haut.

Zu ver_rückt:
»Ach lass die doch, komm wir gehen, die ist in ihrer eigenen
Welt!«

Zu körperuntypisch:
»Kuck mal. die schielt ja.«

Zu wenig deutsch:
»Diese Stiefel mit den weißen Schnürsenkeln sind nicht für
Dich, die sind für uns, verstanden?!«

One day in the future
I give birth to my child and have to tell my child: welcome to
this world
One day in the future
I give birth to my child
And I have to tell my child that sh_e will learn the history of
our precious people who have something to say at home not in
school
Weil das System, die Bücher, die Erzählungen, die Herzen
genährt sind von...
Ach checkt es doch selbst!
I tell you a secret
It is a big big lie
A big big lie_brary

Equality,
It's a damn shit!
Thousands of pieces
Thousands of broken pieces
But
they become one
day by day
they become stronger, they are strong
fighting, loving, healing, surviving
Piece by piece

Also kannst du rennen, laufen, ganz schnell,
Doch dein Herz wird sich nicht verstecken können
Nirgendwo
Niemals
Nicht vor mir, nicht vor den Ahnen, nicht vor meinen
Geschwistern

Wir sind dein Schatten
Dreh dich ruhig um
Renne schneller
Renne
Renne
Wir sind hier
Leise flüstern wir in dein Ohr
Erzählen dir was
Protokollieren was uns widerfahren ist

Und jeder deiner schweren Atemzüge
Ist Zeugnis unserer Existenz
Und jeder deiner leichten, vor Freude sich überschlagenden
Atemzüge
Ist Zeugnis unserer Existenz

And now?
Are we still talking about the same justice?
Because the justice you are talking about
It is no justice for us
not for me
nor for you
It is just ice
just ice
Melting through all our fingers

Doch dieses Wasser, das Eis
Mein Empowerment
Meine Auseinandersetzung
löscht meinen Durst
Nach Liebe
Nach Leben
Nach Verbindung

Ice, no ice
Water
floating deep inside

Wohin sollen sie immigrieren?
Die heimatlosen Gefühle
Wandeln umher
Im Licht des Sonnenmondes
Suchen
Finden
Suchen
Finden
Nichts
Außer sich selbst
Wer bin ich, wenn ich nicht da bin?
Was füllt dann meinen Seelenbauch?
Wer umarmt mich, wenn ich keinen Körper mehr habe?
Mir ist gefühlsschwindelig

Imagine,
people you are passing by cross the street when you come closer
Imagine they ask you the same questions over and over again
Imagine you have to work twice as hard as others
Imagine you cannot go wherever you want in the country you
were born in
Imagine you could understand that it is not the world feeding
Africa, it is the reverse
Imagine you have to take a deep breath if you enter a room,
everywhere and every time
Because the gaze cuts you like a knife
Imagine they are staring at you and twittering about you and
they think you do not realise
Imagine they say to you: there are too many of your kind in the
club. Please go away!
Imagine they are saying: oh all these people are suspicious to me
And you know they are talking about your people
Imagine you are going to school and all you are learning is just
half of the coin, because you are learning the knowledge of white
supremacy
Imagine your child comes home from school and cries because
s_he does not want to be Black anymore
Imagine you fear your own future
Imagine you are sitting on a crowded train
The conductor is inspecting your ticket
Yours, only yours
Stigmatised in the heads of the other guests, forever
Imagine there is no place in the world where you are free
Imagine
Imagine
Imagine this would stop

Und es kam der Tag,
an dem mein Seele beschloss,
die alten Tränen zum Durstlöschen zu verwenden.

Kannst du zaubern? Ja.
Was ist dein größter Trick?
Mich selbst zu lieben, genau dann,
wenn ich es am wenigsten erwarte.

Interventionslast of Color. So viele Risse.
Zerbrochenes ohne Scherben. Scherbenlos.
Glanz. Spannkraft. (Über)Leben of Color.
Liebe of Color.

Can I tell you a secret?
  – Yes.
I fear people of normativity, especially the nice people.
  – So do I.

Und was machst du so?
Ich lebe intersektionell.
Was ist das denn?
Das ist etwas zwischen schmerzhaftem Nicht-Wahrgenommen-
Werden, blütenzartem Atemraub und kraftbringender Gnade.

Ich bin.
Ich bin radikal liebend.

In meinem Körper spaltet sich ein See in Liebe und Chaos.

Touch my burden with your tongue.
Touch my multiple burden with your tongue.

Ich liebe mich, aber ich muss nicht
an allem Gefallen finden, was ich tue.

Und ich möchte, dass es regnet, weil dann ein Teil von euch
wieder zu uns zurück kommt. – Ahnentropfen

Ich zähle die Tränen auf deinen Wangen
Du versteckst sie
Weißt, dass ich nicht gut bin im Zählen über 12
Ich zähle sie trotzdem
Du weinst noch mehr

Nimm mich mit
In dich hinein
Hier draußen ist es kalt

Donnerstag Nachmittag, 17.06 Uhr

Ich stehe vor dem Warentransportband in der Kaufhalle, jaaaa
Kaufhalle

Die Schlange ist semi-lang und als ich meine Waren:

Ein geschnittenes Vollkorndinkelbrot, zwei Päckchen Schafskäse und einen Auberginen-Bärlauch-Sesam-Oliven-Cashew-
Knoblauch-Grünkern-Brotaufstrich

aufs Band packe

Höre ich: »Maaaaama!!«

Oh je, da kommen sie

Und ich meine eine Invasion

Zwei Menschen

Kurze Beschreibung des Settings

Die so gerufene »Maaaaama« schiebt den zweiten Mensch im
Einkaufstrolley zur Kasse

Ein Donnern

Mein personifizierter Albtraum nähert sich

Neeeeein, schreit es in mir

Ausweichen

Aber wohin?

Die Kassierer_in hat mich schon entdeckt und wartet nun auf
unsere Begrüßung

Ich bin umzingelt

Vor mir »Frau Regina Kretschmer« von Kasse 3

So steht es auf dem Namensschild

Kurz beobachte ich die beiden

 »Maaaaama!«

»Ja, mein Schatz.«

Ich beobachte die beiden immer noch

»Luna-Joy-Madison, du musst dich nun aber entscheiden?«

Wirklich, Luna-Joy-Madison, denke ich auch

Noch haben sie mich nicht entdeckt
Was mach ich?
Beide führen eine energische, aber kurze Diskussion, ob
Luna-Joy-Madison nun eine Zeitschrift oder die Schoki
mitnehmen darf
Das verschafft mir Zeit
Zeit, Zeit, Zeit
Okee, ich mach wie ich es geübt habe
Ignorieren
Standhaftes Ignorieren
Nicht hingucken, nicht lächeln und nur nichts sagen

»Maaaaama, guck mal!«
Ich sehe den ausgespritzten, *w*eißen, Finger im Augenwinkel
»Maaaaama, die ist ja braun. Ist die dreckig?«
»Nein, die Frau ist aus Afrika.
Du weißt doch noch, das Buch vom Elias mit den braunen
Kindern, die da spielen. Siehst du, jetzt siehst du sie auch mal
in richtig.«
Oh nee,
Ich ignoriere diesen beschissenen Satz der erwachsenen Person
Luna-Joy-Madison glotzt, hört nicht auf zu glotzen,
ich meine richtig glotzen
Läuft da Speichel ausm Mund?
Luna-Joy-Madison sucht Kontakt
Ich verweigere mich

»Die hat aber viele komische Haare. Hihihihi!«
Was gibt's da zu kichern, denk ich
Schnauze, ruft es in mir
»Ich glaube, die Frau hat sich nicht gewaschen!«

»Leise, sprich doch leise, Luna-Joy-Madison!«, ermahnt die
Maaaaama.
»Warum?«
»Doch doch, sie hat sich gewaschen.«

»12,57 Euro, bitte!«
»12,57 Euro«, sagt Frau Kretschmer etwas lauter
Ich murmele ein »Entschuldigung« und reiche mein Geld

Noch einmal kurz schaue ich zu Luna-Joy-Madison
Luna-Joy-Madison starrt immer noch
Ich habe keinen Bock zu lächeln
Irgendwas Freundliches zu gaukeln

Du, liebes Wesen, lebst in dieser privilegierten Welt und weißt
es schon jetzt
Indem du, Subjekt, das Blickregime hast,
werde ich zum Objekt, zu deinem Objekt
Ich bin es leid
Jeden Tag das Gleiche
Ob nun Oskar, Nele, Matilda oder Jonathan-Till
Demnächst kaufe ich meinen
Auberginen-Bärlauch-Sesam-Oliven-Cashew-Knoblauch-
Grünkern-Brotaufstrich online!!
»Schönen Abend!«
»Ihnen auch, Frau Kretschmer!«
Ich eile hinaus

Ich habe ihn fast getötet, töten lassen,
meinen Körper
Durch Blicke
Deine und meine
Jede abfallende Nichtachtung entfernte ihn vom Leben
Ich schaute hier und da und dort und hier und da
Ich kratzte und schnitt und verbrannte und jede Träne
entfernte uns voneinander
Selbstzweifel ist das Dope der Industrie,
wer möchte Selbstverzweiflung kaufen?
Wer?

Überschriften im Zeitschriftenregal
Ich laufe an ihnen vorbei, halte kurz:
Die neue Gundula: Schlank in nur 10 Tagen
Die Zeitschrift für die angepasste Frau: in nur 3 Schritten vier
Nuancen hellere Haut. Und dann verliebt er, er, er, er sich
garantiert in dich!
Das Magazin Die Lupe: Dein perfekter Sommerkörper, hier
erfährst du es!

Verdammte Scheiße, was soll das denn?

Perfekter Sommerkörper, hör zu:
Erstens: Ich bin perfekt, wie ich bin
Zweitens: Ich habe einen Körper
Drittens: Wo ist der Sommer?
Fertig: Mein perfekter Sommerkörper

»Wie kannst du nur so glücklich sein, mit diesem Körper?«
»Schwarze, dicke Menschen sind immer fröhlich, das ist so
schön!«

»Ein bisschen hellerer Teint und dann wärst du perfekt.«
»Ich weiß gar nicht, wo du hinschaust, machst du das mit
Absicht?«
Ja, um dich zu irritieren

Als Mädchen, so viel Brust und so viel Hintern
Mein Körper war mir Jahre voraus
Sexistische, bodyistische, rassistische Kackscheiße
Ein Alter, in dem die Meinung der anderen Gewicht hat
Gewicht
Irgendwann, irgendwie hörte ich auf, mir die Erlaubnis zu
holen, mich in meinem Körper gut zu fühlen
Ob ich glücklich damit bin, wie ich aussehe?
Die Wahrheit ist
Manchmal bin ich es und manchmal eben nicht
Wem geht es auch so?
...

Denn der Wert meiner Person misst sich nicht am Umfang
meiner Taille
Er misst sich am Umfang meiner Geschichten und am Umfang
meines Herzens
Und so suche ich mich
und finde mich
manchmal
Doch weder in Hogwarts noch in Neverland
Ich finde mich in mir
Wo wohnen wenig kostet
Nee, es kostet
Es kostet Selbstakzeptanz
Und Menschen, die mir keine Abnehmtipps und Schminktipps
offerieren
Die meinen Körper nicht als Fetisch-Accessoire preisen

Und mein Schwarzsein nicht als exotisches Abenteuer
Es kostet mich Radikalität, nicht auf die gängige Definition von
Schönheit zu hören, sie immer wieder zu hinterfragen
Und es kostet mich Kraft an der Bleaching-Cream-Abteilung
vorbei zu gehen
Es kostet mich »Scheiß drauf, ich sehe gut aus.«
Es kostet mich Mut. Dieses Outfit trotzdem oder gerade wegen
meiner
unförmigen Füße und meiner ungleichen Beine, und meines
afrolicious Bauches und Pos
und meiner wohlgeformten Brüste
und meiner krampfenden Hände und meiner starken Oberarme
und meiner Narben und Wunden
dieses Outfit heute hier zu tragen

Denn eigentlich müsste ich doch Hängerchen tragen,
bloß nix Figurnahes, auf keinen Fall Querstreifen, besser was
Dunkles, Flatterndes und Kaschierendes
Und das alles nur, um meine Röllchen und Wundmale zu
verstecken
Hauptsache es ist »vorteilhaft«
Ein Vorteil für wen?

Es kostet, es kostet

Es kostet mich Ignoranz, da meine Kleidung als Zelte betitelt
werden
Es kostet mich Kraft, als erstes den Raum zu betreten
Außerhalb meiner fahrenden Sicherheitskugel zu sein
Mich in allem anzuerkennen, in allem
Ich muss mich selbst daran er_innern
Es meinem Seelenkörper immer wieder sagen
Dass ich schön bin, wertvoll und

existiere
Ich existiere
Dass du die Norm setzt und mich dabei nicht mitdenkst
Dass Respekt, Freiheit und Freude selbst erschaffene
Argumente sind, für mich

Heute in Ihrem Bodywood-Kino
Teile 1-4
Schwarz, phat, disabled – Exotisch, erotisch, un_sichtbar
Ich unterstütze deinen Voyeurismus nicht

Wenn ich mich schön finde, dann geht dir das gegen den
Strich, oder? Das passt dir gar nicht
Wie kann das denn sein
Dein Weltsystem, das du inhaliert hast, wankt
»Ehrlich, ja, klar, okee, wenn du damit okee bist?!«
Ertappt, erinnerst du dich? Sommerkörper!!

Wenn du mich nach meinem Körper
nach meiner Gesundheit
meinem verqueerten Sex
meinem Glücklichsein
fragst, etwas normativ kommentierst
Wenn du darüber sprichst,
wie viel du abgenommen hast und dass du jetzt viel viel
glücklicher bist,
seitdem du nicht mehr deine gelockten Haare trägst und nun
endlich lange blonde Extensions tragen kannst
Wenn du es eklig findest, nicht anschauen kannst,
dass alte, behinderte, queere Menschen, dicke Körper intim
sind, dann bist du Teil des Problems
Teil des Machtverhältnisses von Körper und Schönheit
Wenn du mir Ratschläge auf die Wange vergibst, dann bist du

Teil des Problems
ich sage es noch mal
Teil des Problems
Teil des Problems
Teil des Problems von Körpervorherrschaft
Und dann bestimmst du mit,
wer schön und wer nicht schön ist
Also lass es

Ich bin ich
Schwarz, phat, disabled, femme, schön
Fürs Erste ist es das, was du wissen musst
Fürs Erste
Fürs Erste.

verbunden_sein

Wirst du mit mir Murmeln sortieren
auf dem Boden meiner Seele?
Wirst du mich halten,
wenn ich nachts meinen eigenen Namen nicht mehr kenne?
Wirst du für mich die Geister wegscheuchen und
gemeinsam mit mir den Stimmen in meinem Kopf antworten?
Wirst du, wenn meine Blume eines Tages blüht
und der Stil Stacheln trägt,

wirst du sie gießen?

☐   ja
☐   nein
☐   vielleicht

Hast du dich heute schon besucht?
Warst du schon unten drunter,
unter deiner Haut?
Gab es Tee und Kekse?
Gab es leise Dialoge?

Unter deiner Haut
Lagern deine Liebesfragmente, Lebensfragmente
Dort lagert deine laute Stille
Dein Willen zu wollen, zu können
Unter deiner Haut
Wohnt die Verletzung
Sie spricht zu selten, wartet auf Besuch

Und sie, sie sagten:
Wollen Sie das Kind wirklich behalten?
Wir raten Ihnen nicht dazu.
Es wird mehrfachbehindert sein.
Körperlich wie geistig benachteiligt.
Wohl kaum alleine leben können.

Und sie, sie sagten:
Ihr Kind ist zu langsam, zu unkoordiniert, zu hintenan.
Wir empfehlen eine sonderpädagogische Schule.

Und sie, sie sagten:
Ja, dass sie so viele Bewerbungen für einen Ausbildungsplatz
geschrieben haben, verwundert nicht. Sein Sie nicht traurig.
Die Welt ist noch nicht bereit für Menschen mit Behinderung.
Eine Ausbildung zur Bürokauffrau in einem Ausbildungswerk
für Behinderte wäre genau das richtige für sie.

Und sie, sie sagten:
Du und Autofahren? Du bist viel zu langsam, kannst dich doch
kaum auf mehrere Sachen konzentrieren.
Ein Auto, ach komm, mach das lieber nicht.

Und sie, sie sagten:
Na, wenn Sie die Studieninhalte zwar verstanden haben und
alles können, Ihnen die vorgegebene Zeit aber nicht reicht und
Sie am Prüfungstag die Leistungen nicht auswendig abrufen
können, dann sind Sie für ein Fachhochschulstudium unge-
eignet. Dann sollte der Platz lieber für jemand frei gemacht
werden, der das leisten kann.

Und sie, sie sagten:
Du bist Künstlerin, ist klar. Aber möchtest du das wirklich
hauptberuflich machen? Die Leute nehmen dich doch gar nicht
ernst. Wer bezahlt für deine Kunst? Davon kannst du nicht
leben und nicht sterben!

Sie sagen viel, die Menschen
Sie denken sich noch viel mehr in ihren Köpfen
Doch sie fühlen zu wenig
Sie fühlen zu wenig
Sie fühlen nichts

Und heute bin ich hier
Ich lebe, weil meine Mama mein Leben einforderte
Ich bin in eine »Regelschule« gegangen
und machte meinen Schulabschluss
Ich absolvierte zwar die Ausbildung, die sie mir vorsetzten,
doch habe ich danach in Institutionen meiner Wahl gearbeitet
Ich fahre ein Auto
Ich studierte trotzdem weiter
und erhielt einen akademischen Grad

Hätte meine Mama auf die Zweifel gehört
Hätten meine Eltern auf die Zweifel gehört
Hätte ich, ich auf die Zweifel gehört
Wo wäre ich dann?
Wer wäre ich dann?
Sie reden, die Menschen
Sie reden, um ihre Unsicherheit, ach was sag ich, Unfähigkeit
zu überspielen
Was ihnen bleibt?

Ein Tuscheln, Glotzen und ein Achmenschje,
wenn ich mal wieder
Ohnmächtig werde
Durch die Stadt humple
Meine Verzweiflung uns auffrisst
Meine Bedürfnisse sie nerven
Meine Sofortängste sie anstrengen
Meine Spastik mich kontrolliert
Mein Schielen sie irritiert,
Meine Emotionalität sie verunsichert

Und dann gibt es noch diese Momente
Momente, in denen Sprache gewaltvoll ist
Diese zarten Momente des ewigen Kotzens
Sätze, die ich mantramässig höre
Immer und immer wieder,
als wären sie Inhalte der Sesamstraße gewesen
Ich höre sie, doch verstehen kann ich sie nicht

Wir bewundern dich, wie du dein Leben als Behinderte so
mei... – Stop!
Ich kenne da auch jemand mit einer Behinderung. Weißt du,
der Hannes, unten in meinem Haus. Es ist so trau... – Stop!
Du und die vielen armen Menschen haben es so schw... – Stop!

Mein Leben
Es ist nicht besonders. Es ist meins
Nicht ich mache es zum Außenseiterleben
Die anderen stellen es in den Regen
Ich bin ich hier
Das ist mein Leben
Das ist mein Leben

Und dabei habe ich nur einen Teil herausgefischt
Nach hinten gekippt sind:
Mein Gender, mein Begehren, meine emotionale Verwundbar-
keit, mein Körper, meine Herkunft, mein Schwarzsein

Und wieder hör ich es
ein innerliches Raunen, Posaunen, Staunen
Ich bin okee
Denn ich bin hier
Ich bin hier
Ich bin hier
Ich bin hier

Ich höre Töne, die keiner kennt
und sehe Farben, die niemand benennt.
Ich spüre den Wind, wo Stille ist
und werde oft vom Himmel geküsst.
Ich weine viel mit und wegen unserer Erde
und wünsche mir die Kraft, damit sie geheilt werde.
Meine Schulter trägt eine unsichtbare Last,
auf die im Moment auf kein Blatt mehr passt.

Eines meiner ersten Gedichte mit 11 Jahren

Nicht bewusst, wohin die Gefühle emigrieren
Irren umher
Finden ein Haus – mit unsichtbaren Mauern, Wänden
Kein Bild findet Halt
Ein Haus ist noch kein Zuhause
Sich heimisch fühlen bei so viel Leere, Kälte, Beklemmung?
Bleibeverfahren läuft: Entscheidungen stehen noch aus
Ein Stempel: Antrag abgelehnt!
Familie Gefühl, weiterhin auf Reisen
Ankunftsgefühle
bis heute nicht

Ich parallelisiere
In mir sind wir viele
Hören uns dauerhaft
zu
Müssen uns hören

Kannst du uns wahrnehmen?
Kannst du?

Dutzende Stimmen, ein Mund
Ich kommuniziere schon immer so
Ich krampfe; ohne dass du es siehst
Bewege mich eckig
Kann ich dir meine Geheimnisse zeigen?
Kann ich dir meine Spastik anvertrauen?
Ich denke magisch, ohne dass du es bemerkst
Ich fantasiere in Komplementärfarben
Denke in Streifen
Vielfältigkeit des Lebens
Vielfältigkeit der Liebe
Liebst du auch mehrere, weil
du mehr_ere bist?
Wollenfadengefühle, Wollfadengefühle
Das Spektrum, auf dem ich mich verw_orte,
gespannt auf Wollfäden
Ich spanne Wollfäden um mich zu halten
Was hält dich?

G81.1
F06.7
H91.9
H54
N39.3
F43
F21
Nummern und Buchstaben
Eine Person vom Fach
Eine fachangestellte Person
Eine Verwaltung
Eine verwaltungsfachangestellte Person vergibt
meinem Körper und meiner Seele ein Etikett
Nummern und Buchstaben
Prädikat anders
»Guten Tag Frau G81.1 bis F21!«
So werde ich begrüßt
So fühlt es sich an
Insgeheim möchte ich antworten: Guten Tag, Sie 0-8-15!

Ich bin nicht behindert
Keine Nummer, keine Buchstaben

Ich werde behindert
Ich werde gehindert
Gehinderungsgrad 80 %, mit Merkzeichen G

Ohne Fahrstuhl werde ich gehindert
Wenn die Leute nicht lauter sprechen, werde ich gehindert
Ohne ein sensibles Umfeld werde ich gehindert
Ohne meinen Liebeszauberkochlöffelstab werde ich gehindert

Ohne Sitzplätze werde ich gehindert
Ohne Assistenz im Alltag werde ich gehindert
Ohne freie Zeit in dieser »anderen« Welt in mir drinnen
werde ich gehindert
Ohne Zeit für meine Sprachlosigkeit werde ich gehindert
Ohne eine Welt, die sich meinen Bedürfnissen anpasst,
werde ich gehindert
Mit diesen Röntgenglotzblicken werde ich gehindert
Daran gehindert, fortzukommen

Ich bin auffällig, sagen sie
Auffälliges Gangbild
Auffällige Befunde
Auffällige Computer-Tomographie
Auffälliges emotionales Verhalten
Ich sage: Ich bin merkwürdig
Des Merkens würdig

Lasst uns auch der Gradmesser von Schönheit, Gerechtigkeit,
Wissen und Akzeptanz sein
Wenn alle Arten der Fort_Bewegung anerkannt würden, dann
fielen wir auch nicht mehr auf
Wenn alle etwas mehr zartbesaitet wären, dann fielen wir eben
nicht mehr auf
Wenn alle nur mehr imaginieren, träumen würden, dann fielen
wir auch gar nicht auf

Gebt euch doch einfach mehr Mühe,
ihr Normalpersoneneinheitsweltmenschen
in eurer Normalpersoneneinheitsweltmenschenwelt

Ganz leise sage ich:

Das Besondere ist das Gewöhnliche und
das Gewöhnliche ist das Besondere.
Das Besondere ist das Gewöhnliche und
das Gewöhnliche ist das Besondere.
Das Besondere ist das Gewöhnliche und
das Gewöhnliche ist das Besondere.

Ich wohne im Speckgürtel meiner eigenen Stadt
Zu oft muss ich umsteigen,
um zum Kern meiner Selbst zu gelangen

Obacht
BeOBACHTung
Beobachtung

Wünsche
Tiefe Wünsche

Sich hochschätzen
einander. In Momenten der
flüchtigen
wackersteinbrunnentiefen,
wortschweren, lachfältchenschönen
Begegnung
Ganz kurz, sekundenewig dein

Doch ein
hallo in Liebe
zu schwer, als dass es
die Zunge tragen kann. Zu lieben
nicht fremd
nur für die Dauer
eines Wassertropfenfalls. Sich miss_achten
scheint leICHter. sICH hochschätzen,
schätzen
Zu sich finden
Zu einander finden
Begegnen
Bewegen
sICH

ICH
Ich wünsche uns ein Uns

Und alles, wonach du dich sehnst, ist Freitag
Freitag kommt auf deine Insel und unterhält, bespaßt dich
Dabei übersiehst du, dass jeder Tag ein Freitag ist
Und dann streitest du mit Malte und ihr belegt Thesen, ob das
Glas halb voll oder halb leer ist, und was ihr versäumt, ist die
Chance, dass ihr das Glas nachfüllen könnt
An jedem neuen Tag

♫

Und alles, wonach du dich sehnst, ist der Frühling
Ganz verzweifelt wartest du auf den Frühling
Und unaufhörlich auf das ewige Glück
Auf das Leben zwischen Schule und Rente
Oder auf das Leben nach der Rente
und auf den Millionen-Jackpot
Du wartest
Warten ist das neue Losgehen
Und ich möchte dir erzählen
Dass Gänseblümchen
und der Blick über Brückengeländer
und das Handraushalten beim Autofahren glücklich machen
können
Aber du willst das nicht hören
Bist berauscht, weil Heidi gleich die Dünnste im Land kürt
Und trinkst dabei deinen Wein aus dem Wochenglas
Denn die guten Gläser sind für die guten Augenblicke
Und die guten Augenblicke sind wann?
Das Traurige
Das wirklich Traurige dabei ist,
Dass du dich kaum noch daran erinnern kannst, wann du sie
das letzte Mal benutzt hast, die guten Gläser

Also füllst du dein Wochenglas mit dem Wochenwein,
aus dem Tetrapack
Und währenddessen
blickst du zurück und bemerkst ganz im Geheimen, tief in dir
drin, dass deine Neurotransmitter tanzen möchten
Denn es waren die kleinen Dinge,
die am Ende die großen waren
Gibst es aber nicht zu
Denn wenn ich dir das sage, dann glaubst du mir nicht
Weil es zu banal klingt
Weil es nicht vom Guru im großen Selbstfindungscenter um die
Ecke, oder im Fernsehformat »New Balance« propagiert wird
Du, du sagst, du möchtest dich zudröhnen mit LSD, Hasch
oder 'ne Line reinziehen
Ich denk mir, Mensch bist du ein Anfänger, ich bin schon soooo
lange im Geschäft
Ich zieh mir die Realität rein. Die pure Realität. So viel Realität.
Du sagst, in dir brennt es nicht mehr
Und ich, ich fühle es genau andersherum
In mir entbrennt ein lichterlohes Feuer
Genährt durch die Sucht nach Leben
Erleben, vorleben, durchleben, beleben
Ich erzähle dir von den Menschen aus dem Land, wo Glück
vom Staat verordnet wird
Und dass ich mir wünsche, dass Malen, Musik und Sport
Pflichtfächer wären
Nicht Mathe, Deutsch und Chemie
Dann frage ich dich, ob du an Verbindungen, Seelen, Liebe und
unsichtbare Kräfte glaubst
Ganz leise sagst du »Nee!«
Ich spare es mir nachzufragen, warum dann aber an W-LAN,
Luft und Radiowellen

Etwas später
Ich erzähle dir davon
Dass ich ganz geheim meine Glücksmomente des Tages zähle
Und manchmal vor Rührung weine,
weil ein Sonnenstrahl mich berührt hat
Das erzähl ich dir, einfach so
Und dabei bin ich am überschäumen und ein wenig schaffe ich
es dir davon abzugeben
Jedoch bist du in Sorge,
dass dieser Moment wieder entschwindet
Und ich tröste dich
Und beruhige dich, dass wir gerade
nicht mehr haben als diesen Moment
Und dabei lächle ich dich an und küsse dich auf die Stirn
Weil das alles ist, was wir in diesem Augenblick haben

Wir gehen raus,
in einen Laden
»Glück bitte!« brabbelst du
»To go oder zum Mitnehmen?«, fragt die Person hinter dem
Tresen
Du sagst: »Z'mitnehmen!«
»Am Stück oder geschnitten?«
»Schtück!«

In dongojo angeni na	–	Mein Herz ist an deiner Seite
In dongojo angeni wa	–	Mein Herz ist an eurer Seite
Inpingwa kwanjame	–	Meine Seele ist berührt
Inpingwa uukolu me	–	Meine Seele schreit
Muwoa pingwa	–	Seelensprache
Ongi pingwa	–	Seelentanz
Ndugama awoe	–	Der Rausch des Lebens
Abe ombuu ndugama	–	Wer fragt der lebt
Oshonduu ndja ne	–	Glück entspringt dem Moment
Uwa dongojo angeni na	–	Unsere Herzen sind an deiner Seite

Muwoa pingwa

bedeutet Seelensprache
Sie kommt zu mir,
wenn es brennt
wenn es schreit
uukolu me
in mir
Wenn meine inneren Stimmen
zu laut sind
und
ich mich finden möchte,
mich beruhigen muss

Hidden
dark skin
Shining through the deepest
Diving forwards
Diving for words
Revealed through un_spoken poetry
I speak, silence hurts
I speak until the silenced are no longer silenced
I am silent until
you recognise my silence
until you fear my rhythm of silence
Vibrant

Ich bin eine Mutteer
Die Geburt war schwierig, lang, schmerzweiß
Schmerz*weiß*
Ich habe mich selbst geboren
Es war der Tag, an dem ich begann, das Kind in mir zu lieben

Ich kann nicht atmen
Alles tut weh im Außen
So sehr

Löffel sind aus
Ich möchte schreien
Ich kann nicht
Ich kann nicht schreien ohne Atem
Ich kann nicht leben ohne Atem

Shiveeli, my lovely child. Owu li nawa?

    Ondili nawa, Mekuulu.

I love you, my dear

    I love you too, Grandmother

Tell me, do you have everything you need?

    Ee, yes mekuu, but this world is very soulless.

Oshili, I know, so true.

But I am telling you something, something about hope. My dear shiveeli, my darling. Love is possible, everywhere, in an unconditional way. And sometimes souls can meet each other, openly, without any borders.

    Granny, is it true? Because I am so fearful.

Please, in this world it is not easy for us. But we are brave and strong. The truth remains the truth.

Yesterday is the past, not more. The past is finished.

You are here. Now. You stand here. Right here.

And you are a blessing full of wisdom, love and pride.

Maybe they do not recognize your pain. Maybe they do not understand, yet. But these people will understand.

And someday, they will know and remember your words.

Please be patient. Be patient with them and yourself.

Your knowledge needs time to digest. It is an old one.

Thousands and thousands of years old.

My beloved daughter of my daughter. Your path is so stony, but also more than beautiful. Walk this path. Rest a bit, on benches.

Please relax and honour the value of a moment.

Do not let sorrow overwhelm you

Remember, the sun comes every morning, so do not be afraid of darkness.

    Mekuulu, sometimes I am feeling exhausted and alone.

Me too, but imagine how troublesome the life of my mother,

and her mother and her mother was.
In the future when I am traveling to our ancestors,
I am with you.
I'll be beside you. And I know how powerful, joyful and strong
you are. You are an Owambo.
My future me.
Shiveli, take care of you.

Mekuulu ondikuhole, I love you.
Ndapandula, ondikuhole shiveli.

Thank you so much, Nde ku pandula unene, Mekuulu.
Eewa, daughter of my daughter!

Distinguished guests, dear majority people.
Switch off your phones and please pay attention!

I
I am in
I am in connection
I am in connection with
I am in connection with Africa
I feel the people arising, the power, the preciousness
I feel the blood flow in their veins
I sense the dried blood on skins
I feel the parent's cries and the laughter of a sibling's child
I feel
Africa feeds the world with a big, big spoon
I feel
Africa feeds the wealth of others
Africa donates with its bodies and blood
The bodies and blood of our own people

Now we pay credits for reasons we never caused
Now we give you oil and coltan for a pot of rice and guns
Now we clench our fists for our liberation
On the soil of Africa,
the ground where our great-great-great-great-grand-parents sit
at the fireplace
Please, help me, I do not clearly get it? A fight for liberation
A liberation and independence from whom?
Money to whom?
We give *you* money?
Excuse me?
You plundered and robbed us

You're still doing it
Now we pay double or triple

You say it was a long time ago what happened.
It happened generations before.
But Africa has to pay today?
We look for coins in every pocket we've got
Try to pay the outstanding debts

Listen!
We had pure white shirts
But in hundreds of years these shirts became dirty and soaked
in blood
We
tried and try
to clean them up
Looking everywhere for places to wash them
And all we find is
big, big brainwashing machines
Brainwashing machines to brainwash the people
To brainwash nations
Donated by the oppressors
What remains?
More dirt, more blood
On pure white shirts

Letters printed in human red
Africa is p***
Africa is u**********
Africa is e*****
Africa is d***
Printed in human red

Written on every single shirt
Our pure white shirts

You oppressors, you love Africa but not the Africans
So you build skylines and fences on stolen land
Fences everywhere, outside and inside yourselves
You built your farms where my ancestors should have planted
their amasuku trees

»Kalunga, they are wrong, they are doing wrong! Kalunga!«

You brought us the railway and told us it is for everyone
But it is the production line straight to Europe
You raped, stole, claimed, killed, silenced
So please tell me a story about YOUR ancestors!
Where have they been?
What did they do?
What do YOU do?

Distinguished guests, dear majority people, please feel
welcome!

Welcome to our show called: Reality world.

sich einlassen

Sonnenstrahlen brechen auf meiner Haut, auf meinem Rücken

Es fühlt sich warm an

Ein körperliches wohlig, was mich selten ereilt, zu selten

Ich sitze auf meinem Bett

Eine monotone gleiche Reihenfolge im Anziehprozess:

#LebenMitZwängen

Erst die Panty, zum Schluss die Hose, der Rock

Die rechte Socke nie vor der Linken

Ich muss mich beeilen, wie immer

Doch wenn ich eilen muss, werde ich langsamer,

langsamer

das kenn ich von mir

Ich bin langsam, langsamer als sonst

Langsamer als dieser Tag es von mir verlangt

In Gedanken versunken

Die Welt in mir

Auf der Suche nach mir

Das Telefon klingelt

Unterbricht meine all-inclusive Reise im D-Zug durch die

taltiefen Emotionslandschaften meines Selbst

Es klingelt immer noch

Es klingt anders als sonst

Es klingt bedrohlich

Es klingt

Ich mache mich lang

Greife nach hinten

Ich sehe den Namen

Seinen Namen

Er ruft mich selten an

Ich rufe ihn selten an

Ich bin beschämt, weil unsere gemeinsame Zeit so rar ist

Er klingelt immer noch

Es klingt immer noch bedrohlich

Nun schaffe ich es ranzugehen
»Hey!«
»Hello!«
Ich höre ihm zu
Er erzählt
Was bleibt, ist das überschlagen seiner Stimme, die Angst, die
Verzweiflung, seine Scham
»Yes.« | »Okee.« | »This is how we do it« | »Yes. See you in an
hour.« | »Bye.«
Ich sitze ihm gegenüber
Das ist der Abstand, den ich brauche, um die Erzählung
räumlich zu distanzieren
Ich schäme mich wieder
#SchamIstDestruktiv
Die Emotionalität des Gehörten vergräbt sich tief unter meine
Haut
Zwischen seinen und meinen Tränen kann ich jetzt nicht mehr
unterscheiden
Der Tag der Walpurgisnacht
Aron erzählt
Er ist in seinem gewohnten Kiez einkaufen
In diesem Megasupermarkt
Es ist übervoll
Er kauft, was er so braucht. Für mehr reicht sein Geld nicht
Menschen rempeln sich an
In Berlin ist er das gewohnt
Es ist voll
Er geht zur Kasse
Als er bezahlt,
sprechen ihn zwei Sicherheitsmenschen an, auf deutsch
Aron erzählt
Er versteht sie nicht, nicht genug
Versteht, dass er mitkommen soll

Alle starren

Alle starren

Alle starren

Hinten im kleinen Zimmer

Aron versteht, dass er was gestohlen haben soll

Worte

Frau, 200, Euro, Geld, Kamera

Er wartet

Schaut zu, wie sie ihren Dönerteller mit Knoblauchsauce essen

Er wartet

Es sind mittlerweile 43 Minuten vergangen

An der Wand

Tick-Tack, Tick-Tack

Die Stille dazwischen ist gefüllt mit blutroter Furcht

oder ist es doch sein Herzklopfen?

Er vermag es nicht zu unterscheiden

Dann kommt die Polizei

Eine Frau, ein Mann

So sagt es Aron

Sie durchsuchen seine Sachen

Seine persönlichen Sachen

Er schämt sich

Er soll sich ausziehen, sagen sie

Er ist nackt

4 Menschen

Er ist nackt

Sie fassen ihn nicht an

Aron erzählt

Er fühlt sich betatscht

Aron erzählt

Er darf sich wieder anziehen

Er darf

Sie finden nichts

Aron möchte, dass die beklaute Frau sich entschuldigt
Er sagt es laut
Er sagt es lauter
Er sagt es immer lauter
Sagt es mit einer zitternden Stimme
Bestimmt, aber energisch sagen sie ihm, er solle leiser sein
»Sie soll sich entschuldigen. Sie soll sich entschuldigen!«
Sagt Aron
Sie geben ihm seine Sachen zurück
Er dürfe jetzt gehen
Er dürfe
Sie sagen:
»Don't take it personal. Don't take it personal, okay!«
Aron erzählt
Er versteht nicht, nicht persönlich nehmen
Es ist doch mein Leben, sagt er mir leise

Aron, 34 Jahre alt, aus Kamerun
Status Schwarz
Status gedemütigt, angstvoll, hoffnungslos

Das ist die Geschichte von Aron. Ein politisch »zu« aktiver Diplom-Ingenieur, der mit fremden Papieren auf einer beliebigen Berliner Baustelle arbeitet.
Aron postet immer schöne Bilder aus Berlin auf Facebook, für die Familie. Seine Leute wissen nicht, dass er am Morgen der Walpurgisnacht einen Abschiebebescheid in der Hand hält. Aron auch nicht. Er bittet mich, ihn zu übersetzen.

Das ist die Geschichte von Lahya. Die nicht mehr tat als zuzuhören, sanft über Finger und Hände streichelte, einen entsetzten Brief an die Einkaufskette schrieb und zur Doku-

mentation gemeinsam mit Aron »offizielle Stellen« aufsuchte. Lahya, die nicht genug Ressourcen hat und zu wenig eigene Tränen, um Aron zu unterstützen, damit seine Wunden auf Dauer heilen können.

Wer bin ich?
Was ist mein Anteil?

Ich bin betrunken
Sag dir aber nichts
Scheiße bin ich betrunken
Vier Rhabarbersaftschorlen auf ex
Das heißt schon was
Meine Gedanken ziehen und mein rechtes und mein linkes
Auge haben (mehr als sonst) seit 17 Minuten ein Eigenleben
Oh je, bin ich betrunken
Okee,
schieb doch mal eine_r das gelbe kotzende Rieseneinhorn
beiseite

Ich höre dir wieder zu
So gut ich es kann
Du raunst mir süffisante Dinge ins Ohr
Ich check es
»Was, so willst du mich rumkriegen?«
Zu flach, zu flach
Du erzählst von deiner Männerwelt
Ich denke: gewaltvolle Cis-Männerwelt
Du erzählst weiter,
dass wir Frauen* euch brauchen
Oh, so was brauch ich jetzt gar nicht
Immer das gleiche
Immer die gleichen Sprüche
Wohl mit dem ersten Atemzug aufgesogen
Oh je, bin ich betrunken

Du erzählst von deiner Mama und wie sie dir, bis du 19 warst,
dein
Bett gemacht und die Stullen geschmiert hat
Manchmal, wenn du lieb warst, sogar ohne Kruste

Wie toll sie ist, deine Mama,
weil sie alles für euch Männer zu Hause getan hat
Und dabei ihr eigenes wertvolles Leben hintenanstellte
Verdammt, lalle ich leise
Sich abrackerte,
um euer Frauen*bild nicht ins Wanken geraten zu lassen

Zwischenzeitlich flüsterst du mir ins Ohr
»Hey, du und ich jetzt,
das willst du doch auch!«
Was? Einen verdammten Dreck will ich
Wie ich mich kleide, das verführe nun mal, sagst du
»Hey Baby, Baby, ey Baby!«
Was für'n Typ!?
Oh man_n, so läuft das nicht
Ich habe einen Vornamen
Oh je, bin ich betrunken.

Mit deinen Fingern grabschst du meine Seelenwand entlang
In welcher Sprache bedeutet »nein« eigentlich »ja«?
Du bist erregt
Ich bin angewidert
Ich blocke ab
Du nennst mich »Emanzentussi«
Ich referiere was über
        »Frauenrechte sind Menschenrechte«
        »Mein Körper mein Leben«
Ich mache einen Versuch zu gehen
Du hältst mich zurück
Ich bleibe
Weil ich den Moment abwarten möchte, in dem ich dir meinen
Drink ins Gesicht schütte
Oh je, bin ich betrunken

Du penetrierst deine unreflektierten bemühten Gedanken
stoßend abstoßend in mich hinein
Und was meinem Ohr bleibt, ist das tiefe unerträgliche
wiederkehrende Schnaufen, was sich in mir festsetzt
Es bleiben
die Narben,
deiner Worte
die sich an meinen Wänden
wie alte Raufasertapete festgesetzt haben
Ich möchte kotzen gehen
Doch so viel kann ich gar nicht in mich hineinfressen,
wie ich kotzen möchte
Deine Attitüde
Deine pa-tri-ar-cha-len Worte, wie
KRRRRZZZ und röööööööh
in Vorherrschaft gefärbten Laute
sie ekeln mich an
Weil sie nur deutlich machen,
wer du bist und wer ich bin
in dieser Welt
Doch ich bin hier
Ich bin hier
und spreche für mich
Auch wenn meine Sinne vernebelt sind
Mein Körper. Meine Gedanken. Meine Gefühle.

Du Typ,
Du beliebiger Typ
Ich bin eine von Rhabarbersaftschorle betrunkene Königin.
Checkst du das!?
»...my body is a wonderland...«
Um diesen zu berühren,
musst du noch lange an der Zauberlampe reiben

Ich winke angewidert ab, schwanke hinaus
Der sternenklare Himmel
Die nachtkalte Luft
Lässt Heilung zu

Ich mag die tausendfünfhundertdrei Schmetterlinge
die in meinen Bauch finden wollen
die langsam ihren Weg suchen
noch
umher irren
Das vertraute Gefühl
wenn ich Dir beim Nachdenken zuschaue
Deine Gesten
wenn Du Deinen Tag mit Worten malst
mit Worten, mit Händen
Ich mag es
unserem Ungesagten zu lauschen
Diese kaleidoskopischen Empfindungen, Empfindlichkeiten
die Du in mir entbrennst
Schlaftrunken fühl ich mich in Deiner Gegenwart
Begehrt
Du machst mich »aufwirbelnd«, wenn
Du mich berührst, ganz unschuldig
Wenn Du meine Stirn küsst, ganz natürlich
Wenn unsere Brüste zueinander finden
Wenn Du mich ansiehst, ganz einträchtig
Unsere Langsamkeit
das Balsam was uns vereinte
und nun trennt
Unsere Langsamkeit wurde zu unserem Verhängnis
zu meinem
Gefühle kennen keine Eile, heißt es
Unsere Gefühle schon
Sie hatten ein Haltbarkeitsdatum
Zunächst
Wir wurden übermannt

Über mann_t
Nicht nur vom Zahn der Zeit
Eingeholt, weil unsere Uhren langsamer pochten
Tick tack tick tack
Es waren die richtigen Gefühle zur falschen Zeit
Vorbei ist das neue Jetzt
Vorbei ist dieser zarte Zustand zwischen rot und grün
Ampelgefühle
das Bunt, was nur wir sahen
Hier
steh
ich
da
Fühle mich ausgebremst
Soll nichts mehr fühlen
dürfen
Lebe mit diesem Hauch
Lebe mit dieser Leere
Lebe mit dieser Lehre
Mit dem Gefühl, dass es kein Traum war

Na ja, Zeit ist eine bi***
Ampelgefühle
Monate, ewiglang

Grün. Gelb. Grün. Gelb
Nie rot
Zeit ist trotzdem eine bi***

Und du fragst mich
Kannst du machen, dass es regnet?
Kannst du?
Dabei schaust du mich an
Salzige Erwartungen laufen über deine Wangen
Und noch ein Versuch.
So viel Mut auf deinen Lippen
Deinen schönen Schwarzen Lippen
Kannst du machen, dass es regnet?
Kannst du Erinnerungen wegfließen lassen?
Bitte!
Und ich sag
Nein, ein Rührei mit Schafskäse, das kann ich gut
Und du sagst
Das geht auch

To feel love that breaks all rules
Licking songs onto withered trees
I can hear it
An elder speaks poems on corners
I can hear it
Lyrics of silence
The finder finds
A revelation
Passion without serenity is fanatism
Serenity without passion is apathy
Knotty and withered

♫
Tell me what you wanna do
I will do it for you
Tell what's your problem now
I will pull you through
Tell me 'bout your ghosts at night
I will chase them away
Tell me where you wanna go
I will join you so
Tell me about your fears and pain
I will save you from them
Tell me about your joy and laughter
I will brighten them
Tell me what you wanna say
I will listen carefully

Tell me
Tell me about the smell of love
The soft breath of tenderness
The fragrance between us
The fragrance of closeness
This space
this gapless space
No space
Tell me something
Something about butterflies
How do butterflies find their way?
To you
To me
without a map?
They know it

Instinctively
That's what you said
Tell me about this moment I stepped into your life
Was it magical?
Was it, really?
Please, tell me
Again and again
Again and again

What about the flavour of our passion?
How does it taste to you?
Is it like your number-one favourite ice cream or
like a praiseworthy easy fresh homemade slice of bread with
butter?
Tell me about the unspoken dialogues we constantly celebrate
The things we did not talk about
The silent moments where language disturbed our point of
connection
What about our first kiss?
Our first touch?
Tell me something about that moment when we both felt it will
happen
No return
Was it tender?
Was it finger licking good?
Tell me something about it
Tell me something about me
Tell me

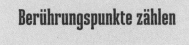

Berührungspunkte zählen

Liebes Schwarzes Menschenkind
Du suchst dich
Suchst dich inmitten der Anderen
Weißt, dass du richtig bist
Weißt intuitiv, dass
dein Schwarzsein und deine Art zu lieben kein »Echt ja?«
brauchen
Insgeheim
Deine Liebe ist Liebe
Insgeheim bemühst du dich um Antworten auf Fragen, die wie
Sprechblasen über den Köpfen schweben
Bemühst dich zu befreien, aus den Fängen der Normalpersonen-
einheitsweltmenschen
Was ist falsch an pan?
Was ist nur falsch daran?
Sie machen es dir unbequem, du liebst
und die Norm stößt sich daran
Du spürst, begehrst, umwirbst, wirst umworben
Deine Seele bittet um menschliche, menschenwürdige Audienz
Erst dann kann Berührung wachsen
Von Innen, von Außen

Sie sehen dich an
Sie blicken auf dein »du« und erschaffen sich ein »ihr« oder
»dein«
In ihnen entstehen Bilder
Von deinem Körper
Deinem Körper
Und du kannst nicht unterscheiden
ob ihr Blick ein mitleidiger, ein erregter oder ein angewiderter
ist

Sie starren,
schauen, blicken, glotzen, gucken und trotz oder gerade wegen
deiner Kleidung fühlst du dich nackt
So nackt
Also verbiegst du dich, nur um nicht zu zerbrechen
Sehnst dich nach seelischer Bewegungsfreiheit
Sehnst dich nach...

Erst gab es ein
du und er
Dann ein du und manchmal sie
Dann ein du und sie oder they
Immer schon ein Mensch
Liebes Schwarzes Menschenskind
Damals warst du damals
Und heut bist du...?
Dein femme ist ein Widerstand
Sie wollen es dir absprechen
Zu viel bling-bling, zu kurze Röcke, zu mädchen*haft
Und so kämpfst du auch dort, hier, jetzt
Weil sie ihre dreckigen Gedanken in saubere Schubladen packen
Weil sie ihre sauberen Gedanken in dreckige Schubladen packen
Weil sie ihre dreckigen Gedanken in dreckige Schubladen packen
Fein, akkurat, gequetscht, damit ihre Normalpersoneneinheits-
weltmenschenwelt nur nicht aufgewirbelt, hinterfragt,
rekonstruiert, neugestaltet wird
Liebes Schwarzes Menschenkind
Wer erkennt deine unsichtbaren und sichtbaren Narben
und deine unsichtbaren und sichtbaren Wunden
Wer fühlt?
Wer fragt?

Also stehst du auf und richtest deine Krone
Deine Zukunft ist die Gegenwart von Morgen
Und erhobenen Kopfes durchstreifst du das Flimmern des Tages
zwischen Aronal und Elmex
und die Dunkelheit
zwischen Elmex und Aronal
Und zwischendurch bemühst du dich zu Atmen
ganz tief
und leise, zart tönt es in dir
Bitte steh auf, steh auf!
Dann immer lauter, lauter und lauter und dann tönt es in dir
und du besingst dich selbst,
dein Leben, deine Seelenkörper, dein du
Steh auf
und zeige dich
Verbinde, finde dich und
liebe dich
und lebe
lebe
lebe
Liebes Schwarzes Menschenkind
Ich bin du!

Ich bin die Tochter meiner Mutteer
Ich bin sie und sie ist ich
Ich verliere mich in ihrer Anwesenheit
Ich verliere mich in ihrer Abwesenheit
Wer bin ich, wenn ich nicht sie sein möchte?

Demut
sollte, müsste
mich überkommen, mich begleiten
Ich wanke
wechselschrittig
zwischen Trauer, Trotz, Widerwillen und Mitgefühl
So viel Gefühl

Das
er_wachsene
erwach_ende
wachende
wache Ich in mir
betrachtet dieses Mutteerleben
Hochachtungskantig
Wunden
Überall Wunden

Das Kind-Ich schaut sie an
bittet, fleht
Zu schmerzhaft die Erkenntnis,
dass ihre Liebe nicht durch die vielen Schichten
ihrer seelischen Frakturen durchdringen kann
Zu mir dringen kann
zu mir
Ich streute Brotkrumen

Wegweisend zu meinem Herzen
Sie verläuft sich
Sie verläuft sich

Und heute
Ich spüre die Angst, die nicht kommuniziert wird
Ich spüre das Herzweh, weil Leben nicht mehr Leben ist
Es zerreißt mich zu spüren
Es zerreißt mich in sie hineinzuspüren
Es zerreißt mich nicht zu spüren
Es zerreißt mich eine Mutteer zu lieben,
die mich kaum lieben konnte

Ganz tief
Fühlt es sich warm an
Echt

Ganz tief
Dort reihen sich Herzen aneinander
Keine Boxen
Keine Hüllen
Da sind Begegnungen aus sich selbst heraus möglich
Dort geschehen Wunder
Dort ist Wahrheit
Liebe
Die Seelenliebe ist der Beweis für etwas, das
ich nicht wahrnehmen kann
Wie bleischwere Luft an einem diesigen Morgen
Sie ist ein Zeichen dafür,
dass etwas Höheres über mich wacht
Ich glaube
Ich glaube auch an ein Leben vor dem Tod
an ein Jetzt
an ein Hier
an ein Uns
Denn
hier ist Hoffnung
hier ist Kraft
hier ist Liebe

Ihr Gött_innen, bitte
macht, dass ich niemals müde werde
zu lieben und die Liebe zu lieben
Bitte macht, dass die Liebe nicht als plüschiger Kitsch
verendet, belächelt wird

Ihr Gött_innen in meinem Herzen,
lasst die Liebe
politisch werden
Gebt ihr genug Macht, um
an den obersten Gerichtshöfen in uns allen zu walten.
Liebe.

Ihr Gött_innen
Ich sage nicht Amen
Ich sage
Liebe

Leblos waten sie
nebeneinander
Urbane Hast
Wohin?
Jeglicher Blick lehnt sich gegen das, was sich ihnen
still darbietet
Erdrücken sich ohne eine Berührung
Ohne Berührungspunkte
Fokussiert auf das Hohle im Alltag
Zerquetschen sich im Planschbecken ihrer Belanglosigkeit
Seelensuchende kreisen umher
Klitzekleine Sterne
aufleuchtend
Eine Tüte
Sie tanzt
Wütet auf dem fast leeren Parkplatzboden
Eine Tüte
Sucht Halt
Findet Halt
Sekunden nur
Ist geduldig
im kindlichen Blau jenes Morgens
Versunken
im Tanz
Ein Ding
Eine Tüte
Mehr Eleganz als ihr Pendant mit fließenden Adern
Wer bemerkt?
Wer hält an?
Hält inne?

Die Rufe verhallen im leeren Raum

Überschwemmt von den Wellen der Belanglosigkeit
Überrollt vom zarten Bulldozer des Lebens, des Überlebens
Ertrunken im See der sprudelnden Geistlosigkeit
Gefoltert in der Glut des Nichtvergessenkönnens
Verbrannte Schatten
Ahnenbegegnungen. Ahnenwissen. Ich ahne. Ich fühle.

Und jetzt und hier und dort?

Emotionsvertiefte Held_innen
In ihren Aktenkoffern das vor Jahren abgelegte
Superhuman-Kostüm
ausgestopft mit Federn aus Gleichgültigkeit
Sepiagefühle steigen empor
Tränenregen
Alte Tränen lügen nicht
Durchnässt
durchkämmen sie den
unsichtbaren Dornenwald der Sehnsucht
Wo geht all das Wissen hin?
Lechzend
nach alter Hoffnung, nach Sepiahoffnung
Was bleibt?
Was bleibt?

Kontrastmittel bringt WAHRneHmbarkEIT
Das Bild vervollständigt sich
Kontrast
in grau auf grau

Ich zeige meinen schmerzenden Kern,
meine schmerzenden Kerne
Ich weine dabei
Siehst du meine Tränen?
Ich zeige sie trotzdem
Kleine Mutproben ohne Sicherheitsseil
Kleine Revolutionen, um zu überleben
Überlebst du auch?
Ich zeige mich,
weil sonst der Raum nicht heilen kann, den wir teilen
Weil ich sonst mehrfach sterbe
Weil wir anfangen müssen aufzuhören
endlich aufhören mit dem Weitermachen
Ich zeige mich und spreche über den Verlust von Fähigkeiten,
Trauma, Stigma, über emotionale Zugänglichkeit
Ich wüte und verzweifle
Dabei
weine ich unsichtbare Tränen
Ich zeige mich, nicht wissend, ob in deiner Hand auf dem
Rücken ein unsichtbares dreckiges Messer oder ein heilendes
Pflaster liegt
Ich zeige mich
und die Tränen und den Schmerz
Ich rufe uns an
Traue mich sichtbar zu sein,
nicht wissend, ob ich dir traue

Verletzlichkeit ist Liebe
Zeig ich mich, zeigst du dich
Zeigst du dich, zeig ich mich
Verletzlichkeit ist Liebe
Was ist deine Verletzlichkeit?

Hallo, ich schreibe dir eine Karte aus der Ferne,
denn in mir herrscht Krieg. Liebste Grüße, dein Ich
PS: Vorne auf der Karte siehst du mich am Mount Lahya

Meine bunte Seele

Ich möchte gar nicht ganz »normal« sein. Ich möchte meine
göttliche Extravaganz behalten. Es geht darum, von meiner
Seele getragen zu werden. Und die Welt soll sie scheinen
sehen.

Das kurze Lied vom Wollen und Brauchen

Du hast nicht alles, was Du willst,
aber Du hast alles, was Du brauchst.

S.O.S.

Hilfe, holt bitte einen Notarzt! Der *weiße*, körpernormierte,
heteronormative cis-Mann hat einen Privilegieninfarkt!

Ich bin Musikerin, Poetin, Fotografin, Künstlerin. All das. Ich liebe, was ich tue, bin nicht überdurchschnittlich begabt. Ich habe nur keine Angst, diese Dinge zu tun und mich in ihnen wiederzufinden, zu vertiefen, in den Weiten ihrer Bedeutung.

Freiheit

Würde die Welt mich fragen, wann Worte für mich zu einem Überlebensgut geworden sind, dann würde ich sagen: Das begann schon vor meiner Geburt.

G wie

Manchmal komme ich in einen Raum hinein und möchte ganz lautleise rufen »Gruppenumarmung für uns alle!«

At first there was a you
a beautiful you
then
very late
almost too late
I could find my me
because of your you

So first
a little
just a little
me
then a huge me
only me
me, me

Almost too late
But you saw my me

Queer fragile love in front of a washing machine
How do I clean my lint filter?
How do I love?

One day
Hopefully
in the future
There will be a huge us
We and
the world
in the world

Der Tag, an dem ich mich nicht mehr in Geschlechter verliebte
An diesem Tag bemerkte ich, was für eine Last von mir fällt
Wie eingeschnürt ich war im Korsett der »Norm«
Wie wunderschön Nähe sein kann, außerhalb von Boxen
Wie kraftvoll Nähe aus Zellophangefühlen sein kann
Und wie brutal und einschränkend ich mich in dieser Welt
bewegte und bewege
An diesem Tag lernte ich
Dass es nicht reicht zu denken und zu sagen:
»Ich liebe alle Menschen, ich sehe dein Geschlecht gar nicht«
Bullshit!

»Gender-da-achte-ich-nicht-drauf« heißt schmerzhafte Macht-
strukturen zu verdecken
So sehr zu verdecken wie die Sonnenfinsternis das Tageslicht
Der Tag, an dem ich mich nicht mehr in Geschlechter verliebte, war der Tag, an dem ich langsam mein Genderprivileg
begriff
und meine Verletzungen und Ausgrenzungen auch
Ich vorsichtig erfühlen musste, wo und wie ich im Leben
wacklig stehe
Weil die Falle zuschnappen kann
Also »zu normiert« und »zu frau*lich« zu sein
Denn mein Femme wird in dieser cis-hetero-normativen Welt
und
selbst in der eher maskulin-queer-dominierten Welt nicht
gesehen,
muss sich erkämpft werden
Findest du die Femme in mir wirklich binär?
Mein phat, behindert, neurodivers ist wirklich binär für dich?
Queere Femmes existieren
Ich existiere
Und ich bin ernsthaft und radikal und spiele der Männ*lichkeit

nicht in die Karten
Ich und sooo viele, wir sind da
Dass du uns nicht siehst,
ist genau das Ausrufezeichen, was ich setze!
Nicht-binär ist sooo viel mehr, als...
Wenn wir alle so queer sein wollen, so inclusive
Wenn die stark-marginalisierten, mehrfach-marginalisierten
nicht zur Norm gehören dürfen
Weil sie eben nicht der Norm entsprechen
Und je weniger sie der Norm entsprechen,
desto weniger sind sie auch binär
Warum dürfen sie dann nicht auch nicht-binär sein?

Wo gehören sie denn hin?
Und wenn sich doch der Begriff »queer« zurückgeholt wurde,
der
im Ursprung seltsam, eigenartig oder wunderlich bedeutete
Warum schließen wir sie aus?

Und so bewegen wir uns alle wie Billiardkugeln auf dem
grünen Tisch
Queer könnte die Norm werden,
unsere Norm sein

Gender was?
Und trotzdem profitiere ich und
trotzdem passe ich und trotzdem werde ich verletzt
Ich möchte keine Empowermenträume versperren,
keine Kackscheiße reproduzieren,
nicht unnötig rumheulen,
sondern einfach meine Klappe halten, wenn es nötig ist
Ich möchte lernen

sich fühlen

Jahr um Jahr sah
ich zu
ein wenig liebevoll
ein wenig unruhiger
Ich sah zu
wie ich meine Ichs in kleine
politische Splitter
Scherben teilte
Ich zeigte
mich
Teilganz
Ich teilte mich
bewusst
nicht gewollt
Endlich
Scherben aufklaubend
Goldene
stoffliche Masse hält Bruchstücke
aus Porzellan zusammen
In mir
Gold
um endlich
endlich ganz zu werden
um endlich ich zu werden
zu sein

Sie sprechen von
aufmachen
sich Luft machen
mitmachen
abmachen.

Sie sprechen von
hermachen
dichtmachen
nachmachen.

Von was sprichst Du?

Sag mir, in was für einer Welt leben wir?
In einer Welt,
wo »mehr brauchen« wichtiger ist als »schon alles haben«
In der mein Body-Mass-Index mehr über mich sagen soll als
mein Emotionaler Quotient
In der Welt, in der ich lebe,
da endet das revolutionäre Erbe beim
Liken eines Facebook-Postings
Da lehnen wir (uns) nicht mehr auf
Da zeigen wir uns nicht
Da sagen wir nicht mehr das, was es zu sagen gibt

In dieser Welt,
in die ich hineingeboren wurde,
wird der Mutbürger zum Wutbürger,
allerdings ohne konstruktive Taten
Hier heißt eine Zeitung BILD und
»Frauentausch« ist der Index gelebter Intelligenz
In dieser Welt, in der ich lebe,
gibt es »Stadt Land Überfluss« für die einen
und dü düp düp düp düüü – Armut, ich liebe es
für die anderen
Dort herrscht die Mehrheit und nicht die Wahrheit
Dort bin ich nicht ich und du nicht du, wenn wir hungrig sind
In der Welt, die sich mir offenbart,
formen nicht mehr Gedanken und Gefühle die Gesellschaft,
sondern die drei G's – Geiz, Gier und Gammelfleisch
Sag du es mir,
aber in der Welt, in der ich hier lebe,
gibt es kaum noch Demut, Sanftmut oder Lebensmut
Sondern Armut, Hochmut, Missmut, Gleichmut, Schwermut

Hier fließt Öl, fließt Blut
aber es fließt zu wenig Liebe
In der Welt, in der ich hier bin,
ist ein Quadratkilometer Regenwald reine Gewinnermittlung
Da ist Ökologie ein Posten zum Imageerhalt, mehr nicht

Sag du es mir, warum ein ganzer Kontinent,
mein Kontinent
mit einer kollektiven Erinnerung leben muss und die Schatten
der Vergangenheit nicht wegradieren kann,
und dieser Zustand zu vielen Menschen egal ist?

Du
Du, ja du
In dieser Welt gibt es Wissen, so viel Wissen,
aber wenig Urteilsvermögen
Generation Google
Wir finden alles, nur nicht uns selbst
Hier wird Besitz addiert und Werte einfach subtrahiert

Sag du mir bitte, warum Menschen sich denunzieren,
beleidigen und streiten,
warum Liebe nicht genug zu sein scheint?
Sag, was ist dran an dieser sogenannten »hochentwickelten
Spezies« Mensch,
wo Menschsein kaum etwas mit Menschlichkeit zu tun hat?
Sag,
weißt du es?

Worin besteht der Sinn?
Wir leben
Wir sinnieren
Wir tanzen zu

♬

Guten Morgen Berlin, du kannst so schön hässlich sein,
dreckig und grau

Wir atmen
Manche spielen Fruit Ninja®, als würden die erreichten
Punkte die eigene Lebensbilanz automatisch mitsteigern

Fragend und vor_denkend
Besteht der Sinn im Alltäglichen?

17.42 Uhr, den Tag umweht ein Zauber
Der Rasen von Familie Lüderscheidt ist gemäht
Es riecht nach grüner grausamer Gründlichkeit,
Mittelständlichkeit
Die Orangenen haben das Parkett der Stadt gefegt
Ein Duft von Karlskrone-Bier umhüllt die Parkbank am Ufer
Ein stöbernder Mensch, zu durchsichtig für viele,
auf die Frage »Wer bist du?« antwortet dieser »Ich bin ein
Sucher!«
Eine Fragenwolke zieht einher:
Was, wenn ein jeder Mensch einfach nur wär?
Was, wenn wir alle das Leben vorwärts denken würden?
Wir nicht wegen dieser kriechenden Alltagsbanalität müssen
würgen
Wenn ein Heim auch ein Zuhause ist?
Und diese bekackte höher-schöner-weiter-Welt uns nicht bis

aufs Mark auffrisst?
Worte ein Sicherheitsschloss hätten?
Damit die Münder von soooo vielen Leuten hätten Ketten
Wenn wahre Werte nicht darstellen eine Hürde?
und Liebe außerhalb von Boxen anerkannt würde?
Wenn ein Lächeln die neue Währung ist
Und 1 Lächler den Wert von 1000 Euro misst?
Wenn die Tiefe der Seele ein Zeichen gelebten Lebens ist
Und nicht Flachbildschirme, sprechende Toilettenpapierhalter
und all der andere Mist

Tick, Tack, Tick, Tack
Die Uhr zeigt fünf vor Sinnlosigkeit
Eine Melodie ertönt weit
Es ist der Ruf der Belanglosigkeit,
Der Ruf des Krieges
Der Ruf der Macht, der Machtübernahme
Als würde uns jemensch lauthals warnen
Schreie begleiten das Ding-Dong im Wok,
getaucht in Club-Mate-gefärbtem Smog

Fragen in einer urbanen Twittergesellschaft
Ist Soja das neue Kuh? Muh?
Gemeinschaft, die sich global abschafft?
Können wir uns berühren, ohne uns zu begegnen?

In dieser großen un_glaublichen Vielfalt
Wo alles kann
Nichts muss
Niemensch will
Und niemensch braucht
In dieser Welt
Suchen sie Halt

Bemühen sich festzuhalten
Bemühen sich anzuhalten
Bemühen sich fernzuhalten
Sie sind hip,
doch Hipster wollen sie nicht sein!

Ein zauberndes Geschöpf
Goethe Ecke Zimmermann
Sinnsalla Bim
Oder doch Sinnsalla Gin

Vernebelt vom Leben
Der Grund des Glases ist das Ziel
Grund
Grundlos glücklich
Das ist heute viel zu viel

Verwunschenes Sehnen
Kein oben
Kein unten
Kein raus
kein rein
Einfach nur sein
Der tiefe Wunsch eine Realität?
Ist es das, wonach der Mensch sich sehnt?
Sind wir wirklich wir in dieser 2.0-Welt,
wo sich alles nur durch 3D erhellt?

Die Sinnlosigkeit liegt im Sinn
Der Sinn verwirrt die Sinne
Die Sinne erliegen der Sinnhaftigkeit

Worin besteht der Sinn?
Im Gin?
Nee, nee – der Sinn ist in uns drin
Wir leben
Wir sinnieren
Wir atmen
Wir leben
Wir sinnieren
Wir atmen
Wir leben
Sinnsalla Bim

Musikzitat: Peter Fox – Schwarz zu Blau (Musik + Text: Schlippenbach, Vincent Graf von/Conen, David/ Baigorry, Pierre – © 2008 Hanseatic Musikverlag GmbH/ Fixx & Foxy Publ. Pierre Krajewski/ BMG Rights Management GmbH) Mit Freundlicher Genehmigung

Schaffendes, kräftiges Gehirn,
bemühst dich zu beleben,
bemühst dich zu bereichern
Wissen in Bildern und Überschriften
240 Sekunden lang, 154 Zeichen – Meer geht nicht
Fehlender Tiefgang rettet ihr Überleben
Nach unten gezogen von der Last der geistigen Schwerkraft im
Mehr der Oberflächlichkeit:
Mare stupido

Machtstransformationshungrige Akrobat_innen winken mit
den Armen
Schreien um Hilfe
Fragen nach Unterstützer_innen
Sie schwimmen in der letzten Denkpfütze mit Ihresgleichen
Retten sich kurz
Schöpfen Kraft
Atmen Tiefgang als kostbares Lebenselixier
Bekommen einen Anker zu fassen
Rutschen am Schmodder des Alltags ab
Werden auf dem Silbertablett präsentiert
Winken noch immer
Die Fernseh-Produzent_innen von Pro 1 freuen sich
Ein neues TV-Format ist geboren
Konsum im »flachen« Quadrat
Wortspiel

Konsum als neue Religion
Kauft Einhorn-Bratwurst und den NicerDicerPlus®
Spielt mit dem großen Bruder im Container
Who is gazing at whom?

Verzehrt, benutzt und verarbeitet,
was der Kleingartennachbar_innenschaft gefällt

Genozid des Geistes im mare stupido
Überlebende gibt es kaum

There is not enough space for grace
Streets are empty but headquarters are full of violent cages
The babies' first lullabies were their parents' evening cries
None of us can be free until the oppressors pay their fee
We need a change in our minds;
otherwise we drag our souls behind
A look into capitalists' eyes and all they whisper is vandalized
lies
Where is hope?
Here?
Not here.
Inside is hope
Hope, like a bottle full of energetic afrofuturistic dope
Hope to cope?

There is not enough space for grace
space
space
to embrace the grace

Ich schäme mich für fast jedes geteilte Essens- oder Katzenfoto
in sozialen Netzwerken,
weil es von dem ablenkt,
wo wirklich hingeschaut werden sollte
Für jeden gesellschaftlich benachteiligten Menschen, an dem
hastig vorbeigegangen, dem kein Blick geschenkt wird,
um Würde aufflammen zu lassen
Jedes oberflächliche »Ey, was geht, alta!« und ein »Läuft!«
scheint Antwort genug zu sein

Für die abfallenden Bemerkungen
gegenüber Sinti*ze und Rom*nja,
gegenüber Schwarzen, Muslim_innen oder anderen Menschen,
die ja hier nichts zu suchen hätten
Diese Stammtischgedanken im feinen Zwirn
Ich schäme mich für die Urlauber_innen, die ungeniert im
Wasser baden,
ihre polyester-C&A-Badehose im blutgetränkten
Ozean eintauchen
in dem tausende Menschen ertrinken,
in dem tausende Menschen emotional ertrinken,
jeden Tag,
um ein Leben zu führen, das in ihrem Herkunftsland nicht
möglich ist
Ich schäme mich für das Errichten von unsichtbaren Grenzen,
die noch höher werden, wenn keine
laute und klare
Positionierung hörbar ist
Ich schäme mich für das »ling«, was nach Flucht kommt
Eine Degradierung
Eine Absprechung würdevollen Menschseins
Überlebende, die königliche Anerkennung erhalten sollten,
weil sie 6438 km Überlebenskampf auf sich genommen haben,

um nun auf Felssteinen oder Beton zu sitzen, bei sich tragend
eine Plastetüte mit 2 Packungen Keksen und einem Tetra-Pack
Saft, die sie beruhigen sollen
Ich schäme mich für die Unterkünfte, Baracken,
Sporthallen, Container, die so menschenunwürdig sind
und deutsch-Pass-Anwohner_innen, die ihre privilegierte
Normalpersoneneinheitsweltmenschenwelt bedroht sehen
Ihre Sorgen, dass ihre »blauäugigen« Kinder von jungen
Menschen angequatscht werden und dabei übersehen, dass
diese Menschen Held_innen sind

Ich schäme mich für das Hinnehmen, dass es Menschen gibt,
die ein »Zweite-Klasse-Leben« führen müssen, und dafür, dass
sich dieses Leben weit weg von der eigenen privilegierten
Existenz abspielt. So weit weg,
dass sie sich lieber mit »der Preis ist heiß« volldröhnen
Ich schäme mich dafür,
dass Menschen keine bessere Erklärung haben,
als Bio-Deutsch oder Bio-Geschlecht
Denn wenn Ingeborg und Walter biotisch, biologisch oder
biografisch sind, wer oder was bin ich dann, sind wir?

Ich schäme mich für die Gedanken der Menschen, für ihre
Gefühle, wenn sie einen Nichtnormalpersoneneinheitswelt-
menschen angaffen
Für die gewaltvollen Bilder in ihren Köpfen, für die sie noch
Preise erhalten oder Plätze im Landtag
Ich schäme mich dafür, dass es noch keine gesellschaftlich
ge_behinderte Person gibt, welche die Tagesschau moderiert,
und dass das kaum eine_n stört
Dass Schaufensterpuppen »size zero« tragen
und dass das kaum eine_n stört
Dass in Fahrstühlen verlegen geschwiegen wird, weil die Angst

vor Nähe stärker ist als ein »Kommen Sie gut in den Tag!«
und dass das kaum eine_n stört
Für die banalen Gespräche, weil Tiefgang ihr Überleben gefährdet
Ich schäme mich für die Blicke, die offenen Münder, obwohl
dank Internet diese Welt doch schöner, weiser, wärmer,
diskriminierungskritischer, konsequenter, großherziger, näher
und verständlicher sein müsste
Für jedes Einzelne »Aber ich bin kein Rassist!«, weil sie
meinen, dass Rassismus nur aus der braunen Ecke kommen
kann

Ich schäme mich für jede Misgenderung und für jede
Begegnung, bei der nicht nach dem Personalpronomen gefragt
wird, weil die eigene Norm der Standard ist
Für jedes Tuscheln, weil Menschen, die aus der »Norm« fallen,
äh nee gedrängt werden, auch noch nicht, geschubst werden,
wohl ein Grauen hervorrufen
Ich schäme mich dafür, dass sich die Menschen mehr über die
Inhalte des Tatorts am Sonntag gruseln als über die
fünfzehn-minütigen Nachrichten, die sie vorher angeschaut
haben
Ich schäme mich dafür, dass »schwul« und »behindert« die am
meisten benutzen Schimpfwörter sind, noch vor »blöd« oder
»Sau«
#AuchNichtBesser

Ich schäme mich für Personen, die stolz und ein bisschen froh
sind, zur Mehrheitsgesellschaft zu gehören, weil SIE oder ER
mit Privilegien wie:
gesund, *w*eiß, neuro-typisch, cis, körpernormiert, jung, hetero
ganz zufällig geboren wurde und
das kein, wirklich kein eigenständiger Verdienst ist
Ich schäme mich, dass viele Menschen diese eben genannten

Worte gar nicht kennen, weil diese Begriffe nicht ihre Realität
darstellen, sie in ihrer Parallelgesellschaft keine Rolle spielen
Aber Hauptsache sie wissen,
wer letzte Woche bei »Shopping Queen« gewonnen hat

Für jede Person, die das eigene privilegierte Leben
nicht bemerkt, nicht hinterfragt
Und wenn doch, einfach weiter macht wie zuvor
Ich schäme mich für die Zeit, in der ich still war, so still
Ich mich nicht zeigen konnte,
weil ich dachte die Normalpersoneneinheitsweltmenschen
hätten recht
und die Strukturen dieser Erde seien halt so,
seien unveränderbar, »normal« und natürlich gewachsen
Ich mich einfach nicht traute meinem Gefühl zu trauen

Und ich schäme mich für jede Person, die sich bisher nicht
schämte und für jede Person, die sich jetzt nicht schämt

ausruhen

Who are you to judge me?
You press your extended forefinger on my chest
You tell me I am wrong here
You put me in houses like jails
You say: I don't see any fences and no gates in this society
But I am confined
You say: this is a state with a »culture of welcoming«
But I feel excluded
You say: you've got all you need!
But I am asking
What the hell is nothing when this is everything?
This system is attacking me, silently
Nationally certified
Nationally controlled
Nationally funded
Because this regime allows you to act like this

Do you know how it is to be me?
Do you really know?

To feel mistrust when there is no need
To have no residential status
To wait
Shooed away like an unwanted fly
To look hard for physical and mental protection
Permanently
To feel bitter feelings innermost and outside
To feel the burden of slavery, christianization and racial segregation
To feel unwanted in social, institutional and public life
Do you know?
Do you really know?

Who are you to judge me?

Normalpersoneneinheitsweltmenschen
Kurz: NPEWM
Ihr toxischen Müllmacher_innen!
Euer Abfall:
die Berührungspunkteangst
die Gier,
die Kurzlebigkeit,
die Gleichgültigkeit

Unangenehm. Muffig. Grau.
Üb_erschütterungen
Alles klebt
Ihr klebt
Verloren auf den Hügeln der Un_zivilisation
Auf der Suche nach einem Ort zum Atmen, zum Reinigen
Auf der Suche nach Gleichfühlenden
hinter den Bergen ganz tief drinnen
fern der Normalpersoneneinheitsweltmenschen
Mit ihrem Normalpersoneneinheitsweltmenschen-Besteck
In ihrem Normalpersoneneinheitsweltmenschen-Bettchen
Mit ihrem Normalpersoneneinheitsweltmenschen-Becherchen
In ihrer Normalpersoneneinheitsweltmenschen-Welt

Krieg folgt auf Krieg
Der kleine wie der große
Er schleicht sich ein
Im Herzen, auf dem Schlachtfeld
Zahn um Zahn
Auge um Auge
Am Ende begegnen sie sich nicht

Ich lebe in einem Apartheidsregime
ohne oder mit Apartheidsgesetzen
Gesetzesloser Raum
Gesetzeslose Welt
Während das *weiße* Subjekt mich zu einem eindimensionalen
Objekt degradiert,
beruhige, liebkose und streichle ich mein Kind-Ich
Eile zur Apotheke
Eile
konsumiere Antibiotika gegen das Vergessen
Wie viele von uns noch?
Doch
was wir erinnern, verankert sich tief in unserem kollektiven
Gedächtnis
Scharfkantig die Erinnerungen
Glorreich die Anmut trotz der ausgetragenen Kämpfe
Glanz
Inmitten von Rost
Und trotzdem schmerzende Bilder,
die sich in die Unaufhörlichkeit hineinfressen

♫

#HoffentlichNicht
Meine Seele läuft Amok, bei all den projizierten Bildern
Bilder
Worte
Bilder
Worte
Worte
Bilder
Worte
»Ihren Ausweis bitte!«

»Du hast hier nichts zu suchen!«
»Mit der spiele ich nicht!«
»Du kannst laufen wie du willst, wir kriegen dich!«
»N-Mädchen, N-Mädchen!«
»An Schwarze und Araber vermieten wir nicht,
junges Fräulein!«
»Du bist hässlich wie die Nacht!«

Meine Seele läuft Amok
Hört ihr mich?
Hört ihr mich!

In meiner Seele brennt es – Ipingwa uukole me
In ihr brennt es und ich finde niemensch, di_er sie mit mir
löscht
Wer löscht sie mit mir, wer kreiert neue Bilder, neue Worte?

Neue Nachrichten, die aktuellen Nachrichten! Hier gibt es
Nachrichten!

Überschriften:
News 1: Young couple of Color cannot find a flat to rent
News 2: Lesbian girls experienced violence because of their
sexual orientation
News 3: The 47th Trans* woman of Color has been murdered
this year
News 45678
Die Nachrichten schaue ich mir schon lange nicht mehr an,
Wenn dann ohne Ton
News!
Jeden Tag sehe ich sie sterbend, kriechend, schuftend,
hungernd, still schreiend, sich aufrappelnd, tot
Jeden Tag
Jeden verdammten einzelnen Tag
Auf dem Asphalt
In Universitäten
Auf Spielplätzen
Auf Booten
Zu Hause
Im Meer
In der Schule
Sie kämpfen
Sie kämpfen
Mein Ich zittert
Vibriert vor Trauer

Sei doch froh, so schlimm wie da ist es hier ja wohl nicht
Klaus, 57

Solln wa die jetzt alle uffsammeln?
Gabi im Späti an der Ecke

Wahrheit oder Pflicht.
Pflicht oder Deutschland.
Wahrheit oder EU.
Günter Jauch, dem eine ganze Schweigeminute zu lang ist
Das ist Sendezeit, die ihm zu teuer ist

Ein Hoch auf unsere Medien
Medienkacker
Oh nein, Macher, Macher
Scharfkantig sind die Erlebnisse meiner Geschwister
Scharfkantig sind meine

Es ist nicht vorbei
Es ist nicht vorbei

2015, das Jahr der Sonnenfinsternis
2015, das Jahr in dem Menschen immer noch
g*****, m*********, g******, g********* werden,
Doch
das interessiert sie erst,
wenn es an der Champs-Élysées detoniert
Zwischen Chanel, ihrer Croissanterie und dem Eiffelturm
Ja dann, wenn die alte, blauäugige, *w*eiße, männliche
Ehegattenwelt erschüttert wird
Nur dann

Könnt ihr wirklich ruhig schlafen?
Könnt ihr das?
Denn ich kann es nicht
Ich kann es nicht

Ich wache auf
Schweißgebadet
Jeden Tag
Es ist nicht vorbei, ruft es
Es ist nicht vorbei
Es ist nicht vorbei

Kriegerische Akte
Militärische Gedanken
Leben dort, wo kaum Leben ist

Leben
sublim wie Staub
Staub
der einen Schleier bildet
Ganz zart
Ganz zerstörerisch
Staub klebt an den Menschen
Staub liegt auf allem
auf Spielzeug
auf Pinseln
auf Werkbänken
auf Herzen
auf Erinnerungen
Leise wird es
Weil Worte sie nicht beruhigen können
Zum Schreien keine Kraft
Fassungslos sind sie in Levante
Fassungslos
verletztweit, weltentief dort wo dieser Staub liegt
Weil unabwaschbarer Staub an ihnen haftet

Die entmenschlichte Minorität
lebt in einer Welt der Majorität
ohne gesellschaftliche Bonität
mit einer Parallelidentität,
in Anonymität?

Herzen strahlen voller Majestät
Fäuste, erhoben für eine bessere Wirklichkeit,
schreien vor Massivität
Schmerzen gefärbt in Absurdität
Das Bedürfnis nach einer menschenwürdigen Realität
entwächst der Naivität
Gespräche mit der Norm ertrinken in Banalität
Die Diskrepanz,
das System,
die Unterdrückung entzweien,
eine riesige Dualität, fast Kuriosität
Die innere Angst erstarrt die Emotionalität
Alles Bestreben nach Besserung voller Intensität
Dies gleicht keiner Jungmenschensentimentalität
Im Gegenteil, es ist eine weltweite Gemeinschaftsaktivität,
in Solidarität

Narben vergangener Kriege.
Narben gegenwärtiger Kriege.
Immer noch nicht klüger.
Millionen verlorengegangener Atemzüge.
Millionen sich auflösender Atemzüge.
Bäume sind verschwunden.
Weichen dem inneren und äußeren Kriegsfeld.
Wo ist die kleine weiße Friedenstaube, wenn ich sie brauche.

♫

»Kleine weiße Friedenstaube, fliege übers Land...«

Traum einer alten Seele.
Mehr Bomben und Granaten als Bewohner auf dieser Welt.
Herzen detonieren.
Lösen sich von lebenden Adern.
Mein Kind_Ich weint.
Welche Not trägt euch?
Welche Not trägt dich?

♫

»Kleine weiße Friedenstaube, fliege übers Land...«

Musikzitat: Erika Schirmer-Mertke – Kleine weiße Friedenstaube (© Friedrich Hofmeister Musikverlag GmbH, Leipzig)

Ich habe es satt,
mir ihre doppelzüngigen Rechtfertigungen anhören zu müssen
Der Anblick ihrer Schnappatmung,
wenn ich von meiner Sicht berichte
Dass sie mir sagen, dass wir uns nicht so haben sollen
Es wohl übertreiben
Ich habe es satt, darauf hingewiesen zu werden, dass wir die
alten Kamellen nicht wieder herausholen dürfen

Dass es doch nun wirklich nicht so schlimm sei
Ich habe es satt, mit anhören zu müssen, dass sie auch
Rassismus erleben, während ihrer Reisen in die DomRep,
nach Indien oder Bolivien
Ich habe es satt, dass nicht alle Gegenden der Republik für
mich bestimmt sind
Dass No-Go-Areas meine Realität darstellen
Dass ich immer wieder begründen muss,
warum ich etwas gegen N-Küsse, Z-Schnitzel und D-morde
habe
Ich habe es satt, angestarrt zu werden, und dass Münder nicht
wieder zu gehen
Diese Blicke zu ernten
Diese glotzenden Gesichter,
als würde durch Gaffen meine Hautfarbe neutralisiert werden
»Ja, ich bin Schwarz und ja, ich habe viele Haare auf dem
Kopf!«
So satt,
diese ewigen Flachbildschirmbemerkungen
zu meinem eigentlich »richtigen« Herkunftsland,
zu meinen akzentfreien Deutschkenntnissen,
zu meiner baldigen Rückreise ins exotische »Land Afrika«
immer und immer wieder beantworten zu müssen

Ich habe es satt, mir ihr unreflektiertes Pseudo-Wissen
reinziehen zu müssen
Satt satt satt
In wohlwollend gemeinte Blicke zu schauen
Erneut voller Hohn einen »afrikanischen« Satz vorzugaukeln
und dabei höflich zu lächeln
Ja, lächeln
Die immer lächelnde Quote zu sein, in einer Welt, die keinen
Plan weiß, hinsichtlich eines Umgangs mit Sternchen, Gender-
gaps und Pronomenrunden
Menschen die gesellschaftlich beHindert und verRückt werden
und
Rassismuserfahrenden
Ich habe es satt, ihr Migrationstapetenhintergrund für ihren
*w*eißen Vordergrund zu sein
Ich habe es satt, zur Gruppe einer gesichtslosen Identität zu
gehören
Die Gruppe hinter der Gruppe

Ich habe es satt, durch die Lüderitzstraße, M*straße oder
Petersallee gehen zu müssen,
und dass Flucht kriminalisiert wird
Ich habe es satt, dass Menschen wie Sister Mimi ihre Hoffnung
an der Grenze zu Deutschland abgeben müssen und dass das
kaum eine Person in der sogenannten EU interessiert
Ich habe es satt, wenn nicht betont wird, dass Sklaverei nie
aufgehört hat – hier nicht, dort nicht
Und mein Hinterfragen abgewunken und als »historisch, schon
immer so« abgetan wird

Ich habe es satt, dass mir im Bildungssystem nichts von Marcus
Garvey, Recy Taylor, Mary Jones, May Ayim, Leroy F. Moore Jr.

oder Thomas Sankara erzählt wird,
dass mir in der Kindheit zu wenige Schwarze Vorbilder
aufgezeigt worden sind

Ich habe es satt, dass ihr Aktivismus an der Komfortzone ihres
Tellerrandes endet
Das diese Strukturen sich in einer Langsamkeit verändern, dass
wir immer nur flicken, ausbessern, reparieren können
Ich habe es satt, von der 592ten Betroffenengeschichte zu
erfahren, und dass am Ende alle nach einem Impfstoff suchen,
um nur nicht mehr betroffen zu sein

Ich habe es satt, von Gewalt,
von Hetzjagden,
von brennenden Häusern und Herzen zu erfahren
Dass meine Erlebnisse als subjektiv empfunden werden
und als traurige Einzelfälle betitelt

Ich habe es satt, die angepasste, freundliche,
nur nicht zu sehr auffallende »Ausländerin« zu sein
Die nicht Schwarz genug ist, um zu gehen
Und nicht *weiß* genug, um zu bleiben
Ich habe es satt,
meiner Seele immer wieder von Neuem erklären zu müssen,
dass sie trotz der Ausgrenzung und hiesigen Schönheitsideale
liebenswürdig, wertvoll und schön ist

Und vor allem habe ich es satt, satt zu sein

Ich habe einen *weißen* Schatten
Er berät mich
Er spricht zu mir
Ich habe einen *weißen* Schatten
Er normiert mich
misst mich
wiegt mich
kalkuliert mich
Ich habe einen *weißen* Schatten
Er sagt mir
wer oder was schön ist
und
wer oder was klug ist
und
wer oder was tüchtig, nützlich, logisch ist
Ich habe einen *weißen* Schatten
Er kleidet mich an
füttert mich
bildet mich
Ich habe einen *weißen* Schatten
Jeden Tag schicke ich ihn weg
Doch er verlässt mich nicht

Ich habe einen *weißen* Schatten
Was, wenn ich mich zu ihm drehe?

You did not kill me
not yet
but this system of oppression is killing my soul, my body
slowly
soft-footed

I am not dead
I am not dead
Not yet
But what life is this?
What life is this if I cannot be the person I want to be?
Just a beautiful queen* or king* with an ordinary crown
If I have to stay constantly on the side of the line, where you
said I belong

What life is this if your words are always louder than mine,
words like:
»All tomatoes matter« or »I am not a racist« or
»I know about my privileges, I reflect them always, when I am
at home, in my bed, under my quilt, in the dark, alone, deep in
my mind – but you know what: there are things I don't want to
lose, so I continue anyway!«
or even worse:
 »I am more than my identities, I am also human«
With every word you are telling me, you don't want to see
these lines of privileges

What life is this?
If I cannot wear my hair as I want to wear it at school,
at university, at work, at the theatre or where ever
If my love and my body

my scars and abilities are not perfect in this world
If you are tired of my tremendous noise, because I am
disturbing you in your warm stress-free cosiness-zone
If I cannot talk about this persecuting system
about these wounded and beautiful parts which I have to lift up
every day:
My Blackness, my femme, my disabilities, my queerness,
my desire, my body non-conformity, my fatness, my trauma,
my 1649 emotions, my big-hearted soul, my spirituality,
my vulnerability, my woman*ism, my intersectionality,
my me

What life is this?
What life is this if I cannot use words to emote my experiences
and the only defensive answer is:
That I am a radical, not-zen-enough, angry Black woman
You try to silence me like hundreds of hundreds of years ago
But my ancestors and siblings now and then and here and there
don't allow me to stay calm

So I am asking you:
What is *your* contribution in life?

Are you dismantling these fearful oppressions?
What do you do with your resources?
Do your go an extra mile for someone you don't know?
Take something of your spare time, of your hard earned money,
your status?
Your fun, fun, fun?
♫
Are you trying to reform our society?
Yes, you do?

Questions:

Which people do you desire and love?

If you get the job, who else wasn't able to work in this position?

Who are your friends for real?

Which places do you travel with your passport or are you also fleeing?

Who gets all the applause, fame and glory in your communities?

What is your daily struggle in your social positioning?

How much money do you put in a donation box? 2 Euro, 4 or 5?

Are you able to hide sections of your identities?

Are you protecting me and my siblings?

Or are you outlawing, ignoring, profiling, splaining, splaining, stalking, talking, fearing, shooting, beating, theorizing, assuming, hurting, blaming, silencing, gazing, slating and abusing, disrespecting our human grace?

I am dying hundreds of deaths every single day.
I am dying.
Can you hear me?
I am dying.

You are telling me this is a state of equality and fairness
»We all are born naked«
»You need to work harder, be more polite, more ambitious…«

You are telling me this is a state of fairness
You want equality? I want justice!
Fairness
But who is the jury?
Who is the judge?

And who is defending whom?
Who is accountable for this and this and that?
Are you the witness of my death?
Are you?
So tell me:
Why am I alive?

*w*eißscharf
messersscharf
der schmerz
laute_r verletzte existenzen
ich wüte
*w*eiß ist mein kryptonit
euer
*w*eiß
ich wünschte, ihr würdet euch auflösen
nicht mehr da sein
Schwarzwunsch
un_angemessen?

alteweltvermissend
mein Schwarzhimmel
mein intersek, mein alles, mein einzeln
ich bin eine reale, gegenwärtige erinnerung
meine sektionen, meine teile
gleichen puzzleteilen
wer puzzelt mit mir?
wer sieht das ganze?
wer sieht mich?
wer spiegelt sich in mir?

licht
himmel
klang
in mir blühen lieder
ich tanze zum rhythmus meines herzens
herzrhythmusstörungen
ich tanze trotzdem
ich tanze in Schwarz
ich liebe in Schwarz

mein ich ist existenz genug
ist könig_inlich
1,52 zu hoch für diese welt
ich sehe in zartbitter
ich fühle kohlrabenschön

Du glaubst wirklich, dass es einfach alles immer so weiter geht?
Weil es schon immer so ist, oder war?
Nur weil du mal kurz an deiner Powerflower geschnuppert
hast,
Ich soll es dir ganz vorsichtig, portioniert nahebringen. Nur
nicht zu dolle rütteln
Leicht verständlich, damit du auch gut schlafen kannst
Wie Lerneinheiten in der Sesamstraße
Glaubst du wirklich, dass du zur auserwählten
Menschengruppe gehörst, welche nichts tun braucht?
Okee, du spendest Geld und Kleidung,
gehst dann und wann zur Demo
Bravo!
Danke. Dafür. Wofür?

Deine Privilegien, sie schreien mich an

Du sagst:
Ich habe mir das hart erarbeitet. Bin nun mal privilegiert, was
soll ich machen?
Sag mir doch, was ich machen soll?
Ich sage nichts
Im Augenwinkel sehe ich hastig den Erklärbär aus der Tür
rausrennen.
Ich möchte hinterher
Glaubst du wirklich, deine Seele kümmert es nicht, dass du
deine Privilegien nicht anerkennst, hinterfragst und agierst?
Abgegrenzt, etwas berührt, schilderst du mir, dass du eben
normal bist,
dass du brünett, schön anzusehen, schlank und gebildet bist.
Ich sage, wenn du deine Privilegien checken, fühlen, spüren,
würdest, dann würdest du weinen, auch wenn es nicht hilft,
dich schämen, Aufregung spüren

Dann würdest du bemerken, dass du Türsteher_in
der Normativitätenanstalt bist
Aber du sagst reserviert, ja, aber das weiß ich doch schon
längst, dass ich auf der Sonnenseite sitze
Glaubst du wirklich,
dass dein Abwehren, dein Ignorieren, dein Relativieren, dein
Interpretieren, deine Kälte keine Strategien sind,
um deinen
Seelenschmerz
zu beruhigen?

Welchen Wert hat dein vieles Wissen,
wenn du es Menschen nicht verständlich nahebringst?
Was nützt dein vieles Geld,
wenn du es nicht teilst und den Menschen gibst,
die es brauchen?
Welche Relevanz hat unsere gemeinsame Zeit, wenn ich deine
Schönwetterfreundin für Kino, Party und Kuchensonntage bin,
aber bitte keine Politveranstaltungen oder Sachen,
die sich um Diskriminierung drehen?
Was nützt dein europäischer Pass, wenn du deine Rechte
wie Justizschutz, Meinungs- und Versammlungsfreiheit nicht
anwendest und laut den Mund aufmachst?
Wenn dein akademischer Grad nur ein Accessoire ist?
Was nützt dein gesunder, starker Körper, wenn du nicht
jemensch beschützt, dich vor die Person stellst, damit diese
einfach leben kann?
Was nützt dein leeres Zimmer, wenn dort keiner wohnt, der
ein Zuhause sucht, ein wirkliches zu Hause sucht?

W_ehfragen
Was?
Wann?
Welche?
Warum?
Wer?
Wohin?
Wie lange?
W_ehfragen

Lieber *weißer* Mensch,
wie kann ich dich
mögen, lieben
ohne meinen Schmerz zu vergessen?
Wie kann ich dir begegnen
ohne meine Wut zu portionieren,
meine Fragen an dich zu schlucken,
meine Sicht auf diese Welt fein dosiert zu artikulieren
und mein Raunen hinter einem Lächeln zu verstecken?

Wie kann ich mich dir hingeben, ohne mich zu verbiegen?
Wie kann ich deine Haut begehren und meine dabei nicht
abwerten?
Wie kann ich aufhören, darüber nachzudenken,
immer wieder nachzudenken,
ob deine politische Wachheit über meine braune Haut
triumphiert?
Vielleicht tust du nur woke, politisch wach?
Wie kann ich aufhören darüber nachzudenken,
ob meine Wut,
mein Mühsal in dieser Welt,
das Feiern meines migrantischen Vordergrunds,
euch_dir nur ein erneutes Kapitel der Vorherrschaftsmacht
beschert?
In dem ich deine Lernplattform bin:
Wikilahya
Wie kann ich dich lieben,
ohne mich abzuwerten?

Lieber körpernormierter Mensch,
wie kann ich dich lieben,
wenn du nackt in den Spiegel blickst und missbilligend deine

zweifingerbreite Bauchfalte drückst
Wenn du mir mehr Hintern wünschst,
aber deiner so bleiben soll
Wenn ich mich frage,
ganz heimlich,
in Momenten, in denen wir gemeinsam über meinen
Owambo-Po scherzen, ob
irgendwo, irgendwer
in dir
mich auf die goldene Fettwaage legt
Wie?
Wenn die Welt möchte, dass nur gleiche Gewichtsklassen sich
begegnen sollen?
Wie kann ich deinen Körper lieben,
wenn es so viel Kraft kostet, meinen zu lieben?

Und trotzdem tue ich es
und obwohl in meinem Körper Tränen lagern, viele Tränen
tief in meinem Bauch

steige ich empor
langsam, ich lächle, lerne und ich trauere
den Blues in Schwarz und *weiß*
den Blues in schwarz, orange und türkis
Ich mache Hausaufgaben und höre zu, wenn du sprichst
Ich steige empor
nicht selbstgerecht
Sondern um mich von den Fesseln zu lösen
Um mich zu umarmen, selbst, wenn es kein_e andere_r tut

♫

Liebe cis-männliche Person,
Liebe neurotypische Person,
Liebe klassismus-profitierende Person,
Liebe ableisierte Person,
Liebe passen könnende_müssende Person,

Liebe_r _____
Fortsetzung folgt!

We will rise up in the middle of our hearts
Es braucht kein oben, es braucht ein in-uns

Bis dahin fühle ich mit uns und
mit allen, die ich gerade nicht erwähne
Mit allen, die träumen, das Bisherige defragmentieren,
die schnipsen, fühlen, supporten, neu_lieben
Ich fühle alle, die mit uns atmen, wenn wir keinen Atem mehr
haben

We will rise

Meine Haut ist braun
Mein Haar ist schwarz
Eine Realität
Nimm es hin!

Und dennoch
Sie kontrollieren mich im Zug nach Mannheim
Nur mich
Sie glotzen mich an
Nur mich
Sie prügeln auf mich ein
Nur mich

Und ich scheiß auf ihre freundlich anmutenden Fragen
Bist du hier geboren?
      Ja und zwar in einem Krankenhaus, überrascht?
Kann ich deine Haare anfassen?
      Ja, wenn ich deine Brüste anfassen darf?
Kannst du afrikanisch?
      Nein, aber du sicherlich europäisch?
Habt ihr alle so weiße Zähne?
      Äh, geht's noch?
Hey, du siehst aus wie die Jamie!
oder besser noch
Hey, du kennst doch bestimmt den David aus Ghana?
      Ist klar, wir sehen alle gleich aus und kennen uns alle.
Wo kommst du her? Ich meine, wo kommst du wirklich her?
      Aus meiner Mutteer.
Was ist schon dabei: Mohrenstraße?
      Was ist schon dabei: Weißfratzen-Allee.

Sie sagen, ich soll es nicht übertreiben
Nicht empfindlich sein

Ich bin Schwarz
Und ich übertreibe nicht
Ich bin Schwarz
Und ich bin empfindlich
Empfindsam
Empfinde

Ich bin müde.
Ich bin es leid.

Ich werde so oft angefasst,
als wäre ich die Attraktion im Streichelzoo,
in ihrer privaten Völkerschau
Ich werde so oft nach meinen Wurzeln gefragt,
dass mensch annehmen könnte, ich sei ein Baum

Ich bin müde.
Ich bin es leid.

Meine Haut ist braun
Mein Haar ist schwarz
Eine Realität
Nimm es hin!

atmen

einatmen

ausatmen

Ich sag es laut, ich sag es sieghaft
Ich bin Schwarz
Es ist die Farbe, die mich stark macht
Es ist die Farbe, die mich prägt

Sie sagen, ich soll es nicht so hervorheben
Ich sage: Doch, ich kann nicht anders
Ich werde es nicht verstecken
Ich kann es nicht verstecken
Sie sagen, ich übertreibe es mit Black Power
Ich sage, ich muss noch tausende Jahre darüber sprechen,
um Vergangenes zu überwinden
Nur weil Euch mein Schwarzsein nicht passt

Ich kann nichts für eure Angst
Für euren Neid
Für euer Unwohlsein, weil wir so viele sind
Doch wir sind hier, weil ihr bei uns wart

Schwarze Schönheit
Schwarze Kraft
Die einen starren hin
Die anderen schauen weg
Doch euer Nicht-Wahrnehmen macht euch nicht frei
Doch euer Nicht-Agieren macht euch nicht frei
Doch euer Einfach-Hinnehmen macht euch nicht frei
Bringt keine Heilung
Für keinen
Wir bluten gemeinsam
Doch mein Blut trocknet langsamer als deins

Ich bin in mein Schwarzsein hineingewachsen
Erst wusste ich nicht, dass ich Schwarz bin
Dann wurde es mir unmissverständlich klargemacht
Heute weiß ich um mein Schwarzes Politikum
Bin Zentimeter für Zentimeter näher gekommen
Bin immer noch nicht ganz angekommen

Mein Jetzt ist eure Zukunft
Ist unsere Zukunft
Auch wenn es euch nicht passt
Mein_unser Dasein ist unser gemeinsamer Weg
Wir können es uns überlegen
Gehen wir nun gemeinsam
Oder zeigen wir uns die harte Stirn?

Ich sag es laut, ich sag es sieghaft
Ich bin Schwarz

I love my hair
It's more than a style
It observes my innermost
It shows my feeling about beauty
It shows my view of Africa

I love my hair
It is my past
It is my future
It is curly
It is bouncy
It is bushy
It is not a political issue
It is a political issue
It is more than this
It's mine
The people touch it
It is disgusting

They touch it
They touch it

With their fingers they grab my soul
It hurts my African dignity
I love my hair
They do not see: »Do not touch«
I do not touch theirs

I love my hair
Because it's mine

4c
Das Haar
4c
Ist mein Standard
Darunter atme ich nicht
4c fragt
Wer ist dieser Schwerkraft? Wenn ich den erwische!
4c
Haarbewegung_en

Sie singen voller Stolz und Herzenskraft
Nur die Alten wissen, wann dieser Chorus begann
In ihrer Rechten tragen sie ein Tuch in bunt
alle sind gemeint,
alle sind vereint
alle sind mitgedacht
In ihrer Linken eines schwer, weiß wie Schnee

Ihre Melodien besingen einen ganzen Kontinent
Ihr Timbre erfüllt mit Gnade
Ihre Worte eine Mahnung

Singt unplugged!
Singt laut und unverstärkt!
Erhebt Eure Stimmen,
auch die Klirrenden!
Okwiimba! Singt!
Owa dongojo angenina! Unsere Herzen sind an deiner Seite!
Singt auch in die Zukunft derer
die nicht zu Euch gehören!

An den Hängen ertönt noch lange ihr
her*kulischer Gesang
Owa dongojo angenina!

Ein Meer.
Ein Meer von Toten.
Ein Totenmeer.
Totem.

Unsagbar große unsichtbare Bewegungslosigkeit.
Bilder ohne Erinnerung.
Erinnerung mit Bildern.
Erinnerung mit Bildern.
Kein Leben. Kein Raum ohne Leben. Kein Lebensraum mehr.
Kaum Leben. Kaum Raum ohne Leben. Kaum Lebensraum
mehr.
Schon vor meiner Anwesenheit.
Weit weg vom inneren Zimmer meines Ichs.
Und doch mittendrin.

Bilder ohne Erinnerung.
Erinnerung mit Bildern.
Gejagt, unterdrückt, ermordet.
Geschöpfe ohne Gesichter.
Geschöpfe mit Seelen.
Ein Ort ohne Geschöpfe.
Ein Ort des Überlebens.
Leben.
Aus den Massengräbern ranken geballte Fäuste.
Schwarze Fäuste.

Sie befreien sich.
Sie steigen empor.
Sie hoffen und atmen.
Sie sind nicht verloren.
Sie sind nicht vergessen.

Unter einem Jacarandabaum
erzählen sie uns ihre Geschichte_n.
Kassinga.
Wer wäre ich ohne dich?

Where I come from
There are shining people
They shine not only due to the fact that they've got electricity
The elders are sacred
like their ancestors
Time has no meaning
Because now is the right time
Most of the people's problems are not revolving around the
latest apps,
hippest music tracks or articles in Instyle, Glamour or Vogue, at
least not yet.
Where I come from
There are eyes sparkling
Real bright shining eyes
And they do it, not because of the bling-bling of a 24-carat gold
necklace
They do it because the day has hidden a little flashed moment
of gold somewhere, sometime
So you really want to know where I come from?
I am from a place where people chat to someone
face-to-face
for real!
They are not working for their lifestyle or image, they do it for
their life costs, because they do not have another chance
The place where I come from you cannot get a decaffeinated
lactose-free coffee with soy latte foam and macadamia flavour
These inhabitants of my place honour the
value of a moment the
value of a gift the
value of a family
Not the value of someone's salary
The people from the place where I come from

Have got a lot of siblings
Even when the sib is from another crib
They do not care
Because we are one
These beautiful folks are
wearing colorful dresses and wardrobes
which highlight their shining brightness

The place where I come from, you know what?
These people there, they are
challenging and singing, developing and
jumping, inventing and councelling and working
and crying and trying,
buying and flying and living
Where I come from, listen!
No one asks me where I come from
Because I am already there

Do you really want to know where I come from?
I come from my grandparents' dreams
I am a child of my ancestors
No borders
No countries

Not more
Not less

Lebenshungrige Wesen
gestrandet im Dasein voller Hoffnung
Erwartungsvoll beginnen und beenden sie ihr Leben
Nicht alle
Träume werden zu Zwängen
Kleine Laster zum Fluch
Ein neongrauer Mikrokosmos aus Wellblech
Wünsche weiter denn je
Lebensfrohe und schallende Musik unterm Schleier
der Verdammnis
Bunte Farben als Zeichen ungewollter Farblosigkeit
Tiefempfundene Freude am Hang einer ungewollten
Lebensmüllhalde
Als Reisende fühle ich die Liebe
Als Reisende bleibe ich nicht
Als Reisende ist der Augenblick das, was uns verbindet
Katutura
Die Zukunft wird es zeigen
Die Hoffnung wird siegen
Katutura wird sich erheben

Spieglein, Spieglein an der Wand,
wer lebt auch im Zwischenland?

Ich habe keine Mutteer mehr
Ich habe keine Mutteer mehr

Im Flugzeug nach Namibia
Im Ohr Yoruma. Das beruhigt mich
Fliegt ein Flugzeug auch auf der linken Seite?
Fragenblödsinn

Die Innenstadt ist mittelweitweg
Das Schild zeigt 67 km
Das Lenkrad auf der anderen Seite
Perspektivwechsel

Diagnose:
Veränderungen-Nicht-Abkönnen-Herausforderungs-Syndrom,
Grad 87 %

Ein weißes riesiges Auto von einer internationalen
Geldhaiautoleihfirma
Ich brauche eine Lunchtime beim drum herumlaufen
So groß, 4times4, ein Upgrade für Tourist_innen wie mich?
Die Touristin im eigenen Land
Nee.
Ich bin eine Owambo.
Verloren zwischen »Yeah, ich bin wieder da« und »alles, fast
alles, ist jetzt anders«
Meine Mutteer ist tot.
Mein Vater blind.
Erwartungen.

Das einstige Heim meiner Mutteer ist jetzt ein Haus
Kein Ort mehr, an dem der Hosenknopf offen bleiben kann
Namibia
Weiße Blicke auf Schwarze Haut. Immer noch
Schwarze Blicke auf Schwarze Haut. Neu und unerträglich

Geliebtes neues Leben. Neue Gedanken auf die kolonisierte
Welt
Reifer. Kritischer. Unangepasster. Annahmen
Rassistische Strukturen bleiben, verstärken sich

Fragenwolken.
Meine Mutteer ist tot.
Mein Vater blind.
Erwartungen.
Meeresgrund. Reisegrund

Zwischenwelten
Ich bin dreigeteilt, mehrdimensional
Ein Stück von mir ging mit ihr
Ein Stück lebt in Kaltland
Ein Stück ist das Owambomädchen aus dem Owamboland

Ich spüre Wutgelb
Alarmgelb
Richtiges alarmwutgelb

Ich sehe sie
die Menschen
Meine Schwarzen Geschwister
Meine Schwarzen Geschwister
sehen mich
Überall

Zu viel Haar, zu lässig gekleidet, zu wenig christlich, zu alles
Ich pass hier nicht her und trotzdem lieben sie mich
Ich sie auch
Und trotzdem fühl ich mich zu Hause
Oder gerade deswegen fühle ich mich zu hause?

Ich übergebe mich,
wenn Zäune zu hoch werden, wenn Reichtum mich angreift
Ich weine,
wenn Wellblechhütten sich zu einem Meer verbinden
Ich schäme mich,
weil ich mich nach Kaltland entfernen werde, wenn es Zeit ist
wenn es für mich Zeit ist
Weil ich mich entfernen kann
irgendwann, irgendwohin

Ich beobachte uns
Schwarze Haut brennt
noch stärker als anderswo
Schwarze Haut
unsichtbar, liebevoll, entkörpert, lebendig, dehumanisiert,
tageskräftig
Ich möchte keine exotisierenden Beschreibungen
Es ist kraftvoll, mein Volk

Ich denke an mich
Ich hatte nie den Plan für Großes
Mein Ich konnte sich überhaupt nicht vorstellen
etwas Besonderes zu tun, geschweige denn zu sein
Auf meiner Stirn der gesellschaftliche Barcode
zu Schwarz, zu behindert, zu queer, zu kinderlos, zu dick,
zu emotional, zu verträumt, zu neurodivers, zu auffällig,
zu karriereungeil, zu großartig

Ich habe aus dem Barcode Bäume gemalt
Mit Stämmen und Ästen und vielen Kronen mit Blättern
Lange habe ich ihnen geglaubt
Überall ist »zu viel«
Darf's ein bisschen weniger sein?
Nein!!
Obwohl der Zweifel laut ist, laut war
Ich verweigere mich, eine weitere Statistik zu sein

Das Owambomädchen aus dem Zwischenland wurde überfallen
Ich wurde ausgeraubt, verletzt, am Unabhängigkeitstag von
Namibia in Namibia
Ich spürte Messer an Stellen, wo ich sie nicht wollte, niemensch
Sie nahmen das Fünkchen Hoffnung, was ich Tag für Tag für
Tag nährte
Ein wenig nahmen sie mir meine Heimat,
die ich mir hart erarbeite
Alle ca. 187.000 km, die ich flog,
auf all den vielen Reisen nach Namibia
Sie nahmen mein Geld
meine Habseligkeiten
meinen Pass, mit dem ich mich ausweisen kann,
mit dem ich ausreisen kann

Weil ich einen dunkelroten Pass habe mit einem Adler drauf
Ich habe Angst, ich hatte Angst, wer glaubt mir, dass mein Bett
woanders wohnt, 11.000 km weit weg?
Wer lässt mich ohne Pass durch die Passkontrolle, wer?
Ich mit meinem Afrohaar und meiner dunkelbraunen Haut,
ohne Pass

Wer kann eigentlich global ausreisen?

Ich schäme mich erneut, dass ich woanders hin kann
wenn ich wollte, wenn ich sollte

Sie nahmen mir die Fotos, auf deren Gesichtern sie sich nicht
einmal widerfinden können
Sie nahmen meinen lilafarbenen Hoffnungsstaub
Ich sehe ihre Gesichter nicht mehr
Es ging sooooo zeitlupensekundenschnell
Ich sehe sie nicht
Ich möchte sagen, dass sie Schwarz sind
Ich möchte sagen, dass sie böse sind
Ich möchte sagen, dass sie habgierig sind, doch ich kann es
nicht

Sie waren der ungeliebte Verlängerungsarm des Systems
namens Kolonialismus, Imperialismus, Rassismus,
Diskriminierung, Arschlochismus
Sie, die Diebe
nahmen mir, was ihnen einst gestohlen wurde
Sie nahmen, weil das die Strukturen sind
Sie sahen mir an, dass ich ein Mensch aus der Zwischenwelt
bin
Sie sahen, dass ich nicht zu ihnen gehöre
Ich möchte keine Geschichten von habgierigen brutalen
Schwarzen Menschen in die Zukunft prolongieren
Es waren *weiße* Hände, die mich erschütterten
Es waren *weiße* Hände, die mich verletzen, die nahmen,
raubten
Weiße Hände

90 Prozent des Reichtums in Namibia gehören ca 10 % der
Bevölkerung und davon sind zwei Drittel *weiß*.
Sie belagern, hausen auf dem Grund meiner Ahnen.

Das Land gehört euch nicht
Nichts gehört euch hier! Nichts!

Schwarze Geschwister modellieren mit am System der
Unterdrückung. Warum?
Nicht auf die gleiche Art, aber ein wenig tun sie es
Es macht mich traurig
Das *weiß*-privilegierte System hat sie eingeholt
Erlogenes, *weißes* Wissen wurde in sie hineingetrichtert

Dass Rassismus vorbei ist, wenn Menschen schon nett zu
einem sind
Dass ein Afro richtig hässlich ist, zu ländlich
Dass meine Ohrringe zu »african« sind
Dass Englisch die tollste Kolonialsprache der Welt ist
Dass meine Haut zu dunkel ist
Dass Queersein eine Sünde ist
Dass, dass, dass...

Ihr wollt mich politisch angepasst
Ihr wollt mich körperlich angepasst
Ihr wollt mich sexuell angepasst
Ihr wollt mich emotional angepasst
Ihr wollt, ihr wollt, ihr wollt

Ihr wollt, dass ich mich verkaufe
Im Auktionshaus der Identitäten
Meine Seele für 17,29 Euro
Zum Ersten, zum Zweiten, zum...!
Neeeeeeeein!
Unbezahlbar

Denn es waren *w*eiße Hände, die gestohlen
haben

Später. Ich sitze auf der Polizeistation
Was wurde ihnen gestohlen?
Nichts, mir kann nichts gestohlen werden, was mir nicht
gehörte

Wo gehöre ich hin?
Wo gehöre ich nur hin?
Im Moment habe ich keinen Pass
Es gibt keinen Pass für Menschen aus der Zwischenwelt
Mein Reisen ist eines ohne Fluchtstatus, das würde ich mir nie
anmaßen

Spieglein, Spieglein an der Wand, wer ...?
Scheissdreck!
Antwort: Ich
Ich blicke in dich hinein
Ich traue mich
Denn heute ist nicht gestern, nicht mehr
Ich bin hier
Ich erzähle euch meine Geschichte nicht, um euch von mir zu
erzählen
Sondern, um euch etwas über euch zu erzählen

Spieglein, Spieglein an der Wand,
lebst du auch im Zwischenland?

Spieglein, Spieglein an der Wand,
wer bist du im Zwischenland?

Afrika steht tief in der Kreide, sagen sie.
Afrika ist hoch verschuldet, sagen sie.
Afrika sollen die Schulden erlassen werden, sagen sie.

Afrika sagt:
Wir werden unsere Schulden nicht zurückzahlen. Da sie uns
noch viel mehr schulden, als wir ihnen je schuldig waren!

♫

Do not tell me to calm down
If you do
I will get louder
This world fears me
In this world
Changer and peacemaker and healer and storyteller
are unsophisticated dreamers
And someone who creates a life outside the box
is a nonconformist clown
Those people are killing and oppressing my people
for no reason or any reason
They built a broken world and a lot of us are losing themselves
in it
Do not tell me to calm down
I am a precious Black queen and I am working very hard for it,
because this rough environment does not see me as the queen
that I am
I fight for my little, so little free space
For my piece of humanity
And those people leave me with questions that need to be
answered
They leave me

I try to make a difference. I try
Because freedom is my state of mind
And please do not stop me
Do not tell me this world does not want to be changed
Because it means you do not want a change
Do not tell me it's all in my head
Do not tell me my anxieties are pipe dreams
Do not tell me my efforts are not worthy
Do not tell me »all lives matter«, because actually you mean

only the people who have assimilated
Do not tell me that my silence in a racist situation I
experienced was not adequate enough, too defensive. Please
ask yourself why you did not speak up, you were there, too?
Do not tell me to stand up every morning is a battle on its own.
Yes it is. But is this enough to change marginalized lives?
Do not tell me about your magnificent time of transformation,
reflection, recovering or meditation, if some of us don't feel
comfortable or have access to recovery
Do not tell me your privileged friends are good people, because
they do not oppress directly with concrete behaviour
Do not remain seated in your warm armchair, in your warm
comfort zone, with your warm…!
Do not tell me this
Do not, please
Do not tell me to calm down
Because if you do
I will scream

Tell me
how wonderful I am
Tell me
this fight is significant
Tell me
you are on my side and you are an ally in all of these golden
identities
Tell me
you do your homework in solidarity with me and all of my
siblings who fight for justice and freedom
Tell me
we will come through it and conquer the world, together
Do not tell me to calm down
If you do, I will get louder

Jeden Tag
86.400 Sekunden
Für jeden
86.400 Sekunden
Für jeden ein Geschenk
Ein Geschenk
für
wen?

Ich möchte dein *w*eiß Schwarzen
Weiß_t du?
Denn mein Schwarz kann dich erhellen
*W*eiß_t du?
Denn Weisheit kommt nicht von *W*eißsein
*W*eiß_t Du?

Weißheitszähne ziehen
Dein Privileg besteht darin, dir meine Erfahrungen
jetzt anhören zu dürfen und nicht zu erleben
Sie zu diskutieren
zu theoretisieren
Dein Privileg ist, dass du mir gönnerhaft sagst, dass das ja nun
kein Problem sei
Und mir sagst, dass es früher alles nicht so war
Und ganz leise bewege ich meinen Finger auf
deinen Mund und sage
Psssst. Das passiert jeden Tag
Früher gab es nur noch nicht so viele Kameras
Und wenn doch,
dann warst du vielleicht auf der anderen Seite,
hinter der Linse?

Dann möchtest du gerne sagen:
Ich sehe deine Behinderung gar nicht,
du machst das alles so leicht
Ich sehe deine Hautfarbe überhaupt nicht.
Ach komm schon, es ist doch das 21. Jahrhundert hier in dieser
globalen Welt,
ist mir doch egal, wen du liebst oder nicht, so lange du...

Heile, heile, weile
Mein Ich war nie Selbstverständlich für mich

Mein krumm, kurz, kraus, dick, Schwarz, langsam, mein von
emotionengetragenes Herz
Mein ostdeutsch, mein verRückt, erschöpt, verträumt, trauma-
tisch, mein groß, Mehrfachüberleben, mein verqueertes Ich

Nein, mein Ich war nie selbstverständlich für mich
Denn nur Chuck Norris kann so viele Ismen aufzählen.

¡switch!
Für so viele andere auch nicht
Und euch_dir schenke ich nächstgleich meine Buchstaben

Du bist die Liebe deines Lebens. Du hast es verdient, dir Blumen zu schenken, dich auszuführen und dir Komplimente zu
machen, dich zu berühren
    Deine Kleidung ist genau richtig und unterstützt dein Du,
    ob lang oder kurz, weit oder eng, es gibt kein zu lang, zu
    kurz, zu eng, oder zu weit
Dein Haar, deine Körperformen, deine Haut prägen dich. Sie
machen dich zu dem, was du bist
    Dein Dasein ist ein revolutionärer Akt
Du bist da und gewollt

Deine Erfahrungen sind gehaltvoll
Sie gelten als Wissen
Kein erlerntes, sondern gelebtes Wissen
Deine Erlebnisse manifestieren sich in unserer Atmosphäre.
Sie werden gespürt, wahrgenommen, ernstgenommen
Die Art, wie du dich fortbewegst,
wie du die Welt wahrnimmst,
wie du liebst, wen du begehrst,
womit du dein Geld verdienst, das ist gewollt
Dein Gender ist dein Gender, egal ob alles, einiges, keines oder
vieles oder fancy
Sexualität nicht zu empfinden, nicht zu leben
Sexualität zu empfinden, zu leben ist deine Wahl
Dein Umfeld respektiert dich dafür und für so vieles mehr
Dein Körper, dein Intellekt, dein Charme ist sexy, wenn du es
möchtest
Du darfst dich schön finden, doch du brauchst nicht
schön sein
Wenn du dich der Welt mitteilst, dann verstehen wir dich
Dein Lächeln berührt und deine Tränen auch
Wenn wir dich wütend, ängstlich oder verzweifelt erleben,
dann bist du ummantelt
Wir sind der Mantel, der dich durch die Zeiten bringt

Dies war ein Liebeslied ohne Melodie
Für dich und die,
für die noch zu wenige Liebeslieder geschrieben wurden

¡switch!
In mir wabern »Na-und?-Gefühle«
Mal ist mein Körper funktional divers
Und mal werde ich gesellschaftlich oder körperlich behindert

Mal fühle ich mich sooo befreit in meinem multiplen Begehren
und dann erlebe ich cis-hetero-normative Kackscheiße

Mal eben neurodivers und dann wieder
psychisch pathologisiert und emotional auffällig

Mal feiere ich my Black pride und dann
bin ich von Rassismus betroffen
Mal ist mein Körper phat, und ich meine phat und nicht mollig,
curvy oder chubby
Und dann bin ich einfach nur Körpermehr,
weil meine Großartigkeit eben nicht in eine 38 passt
Whatever!

All das bin ich
All das feiere ich und ich verzweifle daran
Also mein Schwarz ist bunt
Und mein Schweigen laut
Meine Narben Zeichen des Überlebens

Ich bin Teil des Olympischen Teams
Ich spiele Vielfelderball
Das passt dir nicht
Du kennst die Regeln nicht
Ich bin eben beides, Glanzstück und Prototyp in einem
Und da bin ich nun
Zu müde, um nicht zu lächeln
Lächeln hab ich gelernt
Lächeln ist meine Überlebensstruktur
Fragenwolken ergießen sich

    Ist die Erde für alle da?
    Ist dein Du gewollt in dieser Welt?

Wen machst du sichtbar?
Welche Erzählung ist deine?
Hattest du einen anstrengenden Tag?
Wo beginnt meine Verantwortung für meinen Weg?
Bist du auch gefangen in dieser Gesellschaft?

Leben.
Das, was hier passiert, ist mein Leben
Manchmal lebe ich, um zu vergessen und
manchmal, um mich zu erinnern
Also bewege ich mich
fort
und höre auf
mein Herz
klopfen
Ich höre das Timbre
Ummantelt von meinen Ahnen, die mir unsichtbares Wissen
mitgaben
Ich lebe im Untergrund
Im Buchstabenuntergrund
Denn mein Herz pocht in Poesie
Es pocht
Es pocht.
♫

Ich finde mich
Manchmal im Lost & Found und manchmal im Exquisit
Manchmal im Matsch aus Tränen und getrockneter Heimaterde
Und auch wenn da Wunden sind,
deren Heilung nicht einmal ein Pusten Erleichterung bringt,
lebe ich
liebe ich

verbinde ich mich
Mit denen, die Veränderungswurzeln spüren
Ich suche dich
Ich suche Antworten
Ich suche Ver_antwortung

Wo beginnt deine?
Wo?

Ich weiß, dass euch Schwarze Babys sehr gefallen
Warum eigentlich?
Dass ihr es mögt, wenn wir tanzen
auch wie wir tanzen
Ich weiß, wie ihr euch schminkt und welche Lieblingsprodukte
in euren Lieblingsläden zu finden sind
Ich lernte, dass, wenn dort Hautfarbe steht,
ihr nicht von meiner Haut sprecht
Wenn es um Über_größen geht,
dann bin ich wohl schon gemeint
Ich lernte zu verstehen, wohin ihr gerne in den Urlaub fahrt
Was ihr gern im Urlaub macht
Was ihr dort anzieht
Ich weiß noch nicht, was das mit den Socken und den
Khaki-Klamotten soll
Noch nicht!

Ich beobachte, mit wem ihr vor der Kamera posiert und welche
Lebensformen ihr sooo interessant und anregend findet
#InspirationalPorn
Ich lernte, wen ihr in euren Geschichtsbüchern preist und
verherrlicht und wer dort nicht zu finden ist
Ich weiß, wie ich sprechen muss, damit die *w*eiße Schuld nicht
aufploppt und *w*eiße Tränen nicht auf meine Schuhe tropfen
Ich kenne die Gerichte, die ihr mögt,
und wann es was zu Essen gibt
und was so richtig »authentisch« schmeckt
Ich weiß, was ihr gerne zum Fasching oder zum »Karneval der
(nicht deine) Kulturen« tragt und mit welchen Outfits und mit
welchen Accessoires ihr euch sooo richtig »Ethno« fühlt

Ich kenne eure Blicke, wenn ich verärgert nach oben schaue,
um mir euren Kopf anzuschauen aus dem
unreflektierte Weißwürste wachsen
Ich lernte, dass die Sabine nach dem 5-wöchigen Aufenthalt in
einem spirituellen Zentrum jetzt Yoga lehren darf
und jetzt den spiritualen Namen Ganabu trägt, was, wenn sie*
genau hinhören würde, »Blauauge nimmt sich alles« bedeutet

Als Kind schaute ich mir eure Kinderbücher an und
als Teen las ich eure Jugendmagazine
Und
Und
Ich lernte, wie ich aussehen muss, um schöner,
cleverer, mutiger, dünner und beliebter zu werden,
um am Ende zu erkennen,
dass ich das nie werde
#EigeneNormenAnerkennen

Ich lernte, welches Geschlecht das coolere ist
Ich lernte schnell, dass
der
Justin und
die
Lena
dass richtige Paar sind
Farzah und Malaika
Hmm!

Ich lernte, dass Gänseblümchen Scheiße
und Rosen die echten Blumen sind,
mir das aber egal ist. Ich mag Gänseblümchen

Ich lernte, dass mein Körper großartig ist, auch wenn er sich
ständig verändert und ich kaum hinterher komme, mich darauf
einzurichten
Ich lernte, dass Gesang mich heilt
Ich lernte, dass so zu lieben, wie ich liebe, nicht falsch ist, auch
wenn ihr mir das einreden wollt
Ich lernte, dass ich »cute« und »woke« sein kann
und dass meine Identität_en mich zu dem machen, wie ich bin
Ich lernte, dass es okee ist, nachts das Licht anlassen zu wollen
Und dass es eine großartige Schrulligkeit meinerseits ist, dass
Slips und Socken unbedingt
auf jeden Fall
zwingend und immer
getrennt und sehr weit weg voneinander auf der Wäscheleine
hängen müssen
Ich lernte, dass mir Menschen zuhören
Ich lernte, trotz oder gerade wegen meines Wutgelbs
zuzuhören
Ich lernte, mich zu lieben
und dich

Hast du nur annähernd das alles über mich gelernt?
Weißt du, wer ich bin, in unserer Welt?

Ich habe einen Abschluss in White Studies
Magna cum laude, nicht summa
Für »ganz Besonders« reichte es nicht
Denn zu oft schmerzt es mich,
dieses viele, viele Wissen zu haben
und einen Umgang damit zu finden

Was für einen Abschluss hast du?

We speak your names

_____

_____

We speak your names
You people who walked this path before us
Who paved this road of justice for us
We speak your names

_____

_____

We speak your names
Because your gratefulness is a sound deep within
We speak your names
While you rest in grace
There's no time to rest in peace now
We know that
And therefore
We speak your names
You made our days
Those coming ones
And those of our past
We speak your names

_____

_____

We speak your names
Because who else should do so
We do, because
we are this current generation
this new generation
You worked so hard for us
To make us wiser and better and deeper
To be alive
We children
born in freedom
But we are not free until the last one is free
You taught us about the hunger of a caged bird
You hand over a treasure
Worth more than any gold or diamonds we can obtain
You preached us wisdom
And now we can celebrate your knowledge
And now we can celebrate you
We want to rejoice
your righteousness
Your truth
Your power
Your strength
Your justice
Your determination
Because we are your children
And every birth is a rebirth of you
Due to the story of your life, we are here
Due to the fact that you fought, we can profit
We speak your names

We speak your names
Because you prayed so many nights
You cried so many nights
So many sleepless nights
That's why
We speak your names
You had hope
So much hope
You encouraged us to dream big
You inspired us to believe in the unlimited sky
You are in every one of us
So deep inside

They tried to break you
To break
your souls
your bodies
your minds
But they could not tear you down
Break you down
We speak your names

_____

_____

We speak your names
Since so many times your soul was in a lost&found
But you carried it back
Back home
Every time
We speak your names
We speak your names

Because if we cannot breathe
You breathe for us
We take pride in your genius
Your love
Your spirit
Your faith
Your courage
Your discipline
Your prayers
Your life
We speak your names and want to say thank you

to be continued:

_____

_____

_____

_____

_____

_____

Love's divine
Love's divine
Love's divine
God's love feeds my starving spirit
Stills my thirst of living
God's love pictures my little rebirth, every single day
God's love lifts me up
Lifts me high
High and higher
Only the sky is the limit
No limit
My God is alive

God is a flower
God is a woman*
God is they*
God is a child, a parent, a sibling
God is a daughter*, a mother*, a sister*
God is a soft and tender whisper
God needs no Cadillac
My God is they* and Black

God is my saviour
My playmate
My healer
My desperate needed soulish dealer
God is home
is light
Oh God is more than bright

God is my 674th breath
The second between two seconds

God embraces me with a balm of salvation
Inspiration
Adulation
Imagination
I feel the rhythm
The rhythm of God's presence
Clap, clap
That's how they* speak to me
Rise up!
Show yourself!
Show yourself almighty!

They* saunter through the streets in the early morning light
They* sit and linger on the roof of an older building and
sprinkle stars of joy on us
God spans a ribbon in the sky
Laughs with playing toddlers
Kisses scars
and foreheads
They* help me to know my name
With no sense of vain
God is the moment between times
That love between us is not only part-time
God is no white straight hair cis dude
God doesn't point a finger at somebody or is rude
God is no he
They* favour me

God is a flower
God is a woman*
God is they*
God is a child, a parent, a sibling
God is a daughter*, a mother*, a sister*

God is a soft and tender whisper
God needs no Cadillac
My God is they* and Black

Sometimes, meanwhile, God is a blink of someone's eye
God is a mysterious beauty
Without any sense of duty
They* feed the world with love and pleasure
Sacred silence into a melody
Fill my life with fantasy
God is the baby's first breath and someone's last gasp
God is the snickers at two p.m.
And a helal kebab now and then

God is a flower
God is a woman*
God is they*
God is a child, a parent, a sibling
God is a daughter*, a mother*, a sister*
God is a soft and tender whisper
God needs no Cadillac
My God is they* and Black
This God is me
is you
Cause God sees God in you

lächeln

Wir blicken lieber durch dicke Milchglasscheiben,
an denen sich die Ausgegrenzten innerlich ab- und aufreiben
Die Realität starrt uns mit ihrer hässlichen Fratze an
Fragt denn keine_r: Wer, wieso und wann?
Ist das der Fortschritt, von dem wir sprechen?
Macht euch das kein Kopfzerbrechen?

Von oben erscheint uns das schwere Leben überwunden
Alle können sich verwirklichen,
drehen ihre eigenen selbsterschaffenen Runden
Diversität, Gleichheit, Inklusion
Viele Menschen sind gierig,
bunkern lieber ihren eigenen Monatslohn
Die Aktivist_innen halten Reden, schreiben Paper,
weinen, protestieren laut,
zeigen ihre menschenrechtlichen Forderungen auf
und stubsen ignorante Nasen drauf

Die Älteren, sie mahnen uns,
sie sprechen vom Kampf auf des Messers Schneide
Scharfkantige Realitäten machen Que_erfühler_innen weiß,
wie...
Ich sehe sie, die Bilder, Ich höre Menschen schreien
Fast überall Mehrheitsgedanken, die kaum hinterfragt gedeihen
Unwiderrufliche Lichter, Lichter der Stadt
Umhüllt werden Seelen matter als matt
Die Dunkelheit zeigt ihren ehemaligen Glanz
Gefühle kreisen, es fehlt mir an Distanz
Nachts fuhr ich durch die Straßen,
während das blauäugige Kind schlief
Lebendige Fotografien
Traurige, bewegte Geschichten,

eingebrannt in der Seele tief
gelagert im geistigen Archiv
Es sind meine eigenen Erinnerungen
Ich sehe mich rennen, wegrennen in meinem vierzehnten Jahr
Es war nicht meine Wahl, dass meine Mutteer mich im Land
schwarz-rot-gold gebahr
Verfolgt, weil ihnen mein vieles Melanin nicht passt
Wurde mein Körper von dreckigen Händen angefasst
Ich höre sie reden »Leg dir eine harte Schale zu, mein Kind!
Das sind alles nur Spinner, Einzelfälle, die verschwinden
bestimmt!«

Doch zeigt sich die Geschichte
Es ist noch nicht vorbei
Zu wenig ist hier einwandfrei
Nur wenig hat sich in den Köpfen verändert
Nur wenige stehen auf, sind am Realisieren
Bei so vielen Entscheider_innen dreht es sich doch eh nur ums
Rivalisieren, Normieren oder Kontaminieren

Ja, für eure Privilegien könnt ihr nichts
Doch was ihr daraus macht
ist Macht
Doch diese Macht macht euch nicht frei
Ist euch das wirklich Einerlei?

Und niemensch weiß,
warum gute lebensverändernde Ideen scheitern
Weil es die 10 von 100 sind,
die rücksichtslos klettern ihre Leitern
Und niemensch weiß,
wann diese Menschenrechtsprobleme enden

Weil es 90 von 100 sind,
die mit dem Rücken stehen an Einbahnstraßenwänden
Und niemensch weiß, warum die Erde sich auf diese Art dreht,
warum sie menschenverachtende Grenzen und Mauern hat –
und das zu wenige etwas angeht
Und niemensch weiß, warum wir sind und wofür es sich lohnt
zu streben
Weil wir unsere Gefühle an Ketten gelegt haben und verkauft
haben unser aller Leben

Und ich
Ich steh da
guck mich so um
frag mich,
sind die hohen Entscheidungsträger_innen
wirklich so kurzblickend und ...?
Hat denn niemensch ein Gefühl für den andern,
um auf den Pfaden von Empathie und Solidarität zu wandern?
Ist der Nährwert die Masse und nicht mehr die Klasse
Und kriechen sie alle mit einer missmutigen Grimasse in der
Einheitsgasse?
Sind wir so damit beschäftigt
Zu konsumieren und zu suchen
Und zu schauen: Erhalten wir das allergrößte Stück vom fetten
Kuchen
Und jetzt bin ich hier und erzähle meinen Reim,
erschöpft von meinen Worten,
seh ich gerade kaum Sonnenschein
Ich bitte uns alle
reißen wir das Ruder rum,
schreien wir, wo Ungerechtigkeit ist
und drehen uns nicht um.

Ich bewege mich
Atme
Nicht zu viel, ganz leise
So hab ich es gelernt
An Orten, die ich kaum vermag zu benennen

Ich bewege mich
Atme
Gerade genug, nur um nicht zu sterben
Bewege mich in dieser Welt
Vorbei an Dilek, wo mir um 3.92 Uhr noch Tulpen verkauft
werden
Und am Waffelladen, Obstdöner
Unglaublich, denk ich
Berlin, denk ich
Die Ampel leuchtet, ein rotes Herz
Herzen
Sinniere ich über...?
Ich sehe sie
Wir sehen uns
Wir grüßen uns, als wären wir Bekannte aus einer flüchtigen
alten Zeit
Wir sehen uns
an
Wir, deren Glanz sie stört
Wir, die sich selbst außerhalb von Boxen suchen, finden

Wir grüßen uns
Und jedes Sich-Sehen
Lässt ein wenig Heilung zu
Ein kurzes Aufflammen von Verbundenheit
Bevor wir wieder verschwinden
Dann sind wir wieder allein

Auf dem 10m-Brett
Und alle sagen. »Spring doch, nun spring doch endlich!«
Obwohl wir doch schon längst gesprungen sind, Hals über
Doch das bemerken sie nicht

Wir grüßen uns,
kurze Augenblicke nur streifen sich unsere Seelen
Dann ist es vorbei

Wir hinterlassen Spuren,
sichtbar für wenige
Aber sie sind da,
die Spuren

Wir spüren sie
Immer stärker, öfter, länger
Und die anderen spüren sie auch
Immer stärker, öfter, länger

Und gerade deswegen versuchen sie, unsere Spuren mit einem
Radiergummi wegzurubbeln
Jeden Meter, jede innere Bewegung
Einfach so!
Weil sie es tun
Denn das Mehr-Wert-Sein der einen misst sich nicht am
Minderwert der anderen

Sie haben Unrecht
Wir sind da
Wir sind es wert, wir sind wertvoll

Also grüßen wir uns
Wir begrüßen uns

Immer noch
Ich gehe weiter
Und spreche vor mich hin, um sicher zu sein, dass ich lebe

    Meine Wörter sind glitzernde Steine
    Du bist das Wasser und ich werfe die Steine in dich hinein
    Und du darfst entscheiden, wie tief du sie sinken lässt,
    die Steine
    Bevor du sie auffängst
    Du darfst entscheiden

Ich schaue ihnen zu, beim Denken
Sie denken schon so lange, denke ich
Ich atme leise, ich atme
Das ist, was wir teilen, das Atmen
Und wenn sie mögen, irgendwann, ein bisschen mehr als das
Vielleicht begegnen wir uns
bei einem heißen Dallmayr Prodomo, Oshikundu, Buttertee,
einem Çay oder einem Leitungswasser
Vielleicht begegnen wir uns
So wie ich euch begegne
Und irgendwann grüßen wir uns alle
Vielleicht

I am someone
But I am not connected to everyone
But everyone is connected to someone
And if so we should do better than this!
Is it right?
My life is no tragedy

Hey you!
There's nothing wrong with my Blackness
Hey you!
My queerness is not the latest gossip, okee!
Hey you!
Maybe I am disabled but I am not unable

So I am dreaming dreams that you cannot imagine
In the past I was looking so hard for a little land
in your neighbourhood
Searching
Seeking
I was losing myself in it,
Until I found out
First of all
Your front yard is a normative mess,
wrecked blossoms of supremacy and
Second of all
I've got my own garden

Later, almost too late
I found my own soil deep within
My own planet on this planet
I planted trees with new roots
and new flowers and blossoms in their unique color
And fruits that still my hunger, my desire

So one day, if you do your homework and decolonize your
heart and mind
You can ask me to drink a hot chocolate with you in my garden
And maybe I'll tell you something about
watering, beauty, planting,
connection, patience and
love

Langsam öffnete ich die Tür
Es war dunkel, als es klopfte
Und ich bat sie herein
Die Scham

Langsam öffnete ich die Tür
Es war dunkel, als es klopfte
Und ich bat sie herein
Die Erstarrung

Langsam öffnete ich die Tür
Es war dunkel, als es klopfte
Und ich bat ihn hinein
Den Maafa

Langsam öffnete ich die Tür
Es war dunkel, als es klopfte
Und ich bat es herein
Das unsagbare Schweigen

Ich badete
liebkoste, fütterte sie
alle
Wir waren zusammen
teilten
was uns widerfuhr

Es wurde Tag
Ein zartes Klopfen
Wir gingen raus
zur
Tür

Wir zeigten
uns
und trafen
auf die Heilung

Gedankenhängematte

Bevor sie uns die Ketten abnahmen, haben sie uns gebrainwashed
Gebrainwashed
Gebrainwashed mit ihren rassistischen Ideologien

Wir
sollten
sollen
Laufen wie sie
Sprechen wie sie
Denken wie sie
Und was taten wir?
Wir liefen wie sie
Wir sprachen wie sie
Und dachten wie sie

Das Vermächtnis blieb still
Ruht
Das Vermächtnis ist in uns
darf nun wachsen
darf raus
Leute, es ist an der Zeit
Wir sind hier, wir sind da, wir sind gewollt

My african pride
My african story
My african life

Ich spüre die Kraft meiner Vorfahren
Ich weiß um die Stärke meiner Geschwister
In einer endlosen Weite aus Erniedrigung steigen wir empor
Das ist unsere Zeit
Es war schon immer unsere Zeit
Kollektiver Wandel

Individuelle Machtlosigkeit wird zu
kollektiver Selbstermächtigung und
kollektive Selbstermächtigung zu Liebe und
Liebe zu Annäherung und
Annäherung führt zu Menschlichkeit

Bleibt es ein Traum?
Tragen wir noch immer die einstigen Ketten?
Oder beginnen wir heute das Morgen zu bauen?

Erhört werden auch die, die schweigen, die Stillen
Deren Stille protestiert, liebt und ringt
Sich jeden Tag darbietet
Mit voller Kraft oder mit halber vor den Spiegel tretend
Um der Welt eine Fratze zu zeigen
Sich auf den Weg zu machen
Die Blicke auszuhalten, die Blicke zu erwidern
Auge um Auge
Ihr seid die Töne, die uns tragen
Eure Anwesenheit ein Klangnetz
Wahrgenommen werdet ihr
Eure Laute sich zu bewegen, hörbar schwer auf dem Asphalt
Auf dem Weg zur Privilegien-Baustelle, die nicht eure ist
Wir bemerken uns,
tanken Kraft,
um eindimensionale Gedanken und Bilder zu zerstören
Mit bloßer Anwesenheit
¡switch!
Ich bin die wütende Schwarze Frau,
von der deine Leute immer sprechen
Ich bin die mehrfachdiskriminierte, mehrfachzugehörige,
intersektionelle, wütende Schwarze Frau
Wer bist du?

Ich bin so wütend, dass ich Heidelbeeren zerdrücken könnte

Ich unternehme knallzarte Versuche meinen Schmerz zu
benennen
Um zu erkennen, dass ü's und a's und m's nicht reichen
Dass es im hiesigen Alphabet keine Trauma-Buchstaben gibt
Am Ende oder zwischendrinnen sagst du mir, wie du es an
meiner Stelle machen würdest
Und schon bin ich mitten in einer Folge von »Hör mal wer da

hämmert«, you know, »tool times«
Dann beobachtest du mich
Siehst ihn, meinen Schmerz
Mein Schmerz lächelt leicht verkrampft, ist still, rollt Augen,
fragt nach,
hört dir immer und immer wieder zu
ungewollt
Wenn ein wenig Kraft da ist, dann dreht sich mein Schmerz um
Jedoch zu selten
Am Ende hören wir *weiße*, zarte verzweifelte Zerbrechlichkeit
Und wir, vier, bemerken,
also Du, dein Schmerz, mein Schmerz und ich,
dass Verzweiflung das einzige ist, was wir in solchen
Momenten teilen

Dann, wann, immer
Wenn du von deinem Traum_a sprichst,
spreche ich von einem anderen Traum_a
Und zwischendrinnen
Dann, wann, immer
sehe ich den Schmerz auf dem Boden
kniend, flehend
Schmerz zu Schmerz:
»Bitte hör auf, antworte nicht sofort. Hör erst zu, bitte!«

Veränderungen sind schmerzhaft
Veränderungen dauern Zeit
Time is a healer, höre ich dich sagen
Ich kann es nicht mehr hören
500 Jahre habe ich gewartet
Ich warte, seit ich geboren bin
Ich warte, seit ich in den Kindergarten, in die Schule, in die
Ausbildung, in die Uni hineinspazierte, ich warte jetzt gerade

Ich warte
Ich habe lange genug gewartet
Wie lange noch?
Nur Chuck Norris kann die Zeit überspringen
und in die Unendlichkeit blicken
Nur Chuck Norris kann so lange warten

Ich möchte nicht, dass du dir die Zeit nimmst, die du brauchst
Ich möchte nicht die geduldige Lahya sein
Ich möchte nicht an den höheren Mauern
deiner Komfortzone bauen
Mein wutgelbes Ich möchte nicht, dass du liebevolle,
reflektierte tiefe Orte zur Bearbeitung deiner Privilegien hast
Ich möchte nicht meinen Ärger portionieren müssen, weil du
sonst noch mehr Abwehr hast und dich noch weiter in deinen
Privilegienturm zurückziehst. Nicht sehr verbindend.
Scheiß drauf. Es schmerzt doch eh schon

Meine_unsere Diversität ist nicht aufwandslos zu erhalten
Meine intersektionelle Sicht kommt nicht »frei Haus«
Diversität ist eine Haltung
Braucht dein zutun
Du fragst manchmal. Ich re_agiere oft.
#SaferSpaces
#AbgebenVonRessourcen
#PruefeDeineWissensquellen
#DeineZeitUndRäumeUndDeinGeld
#SichtbarmachenVonPrivilegien
#StehenLassenVonTrauma
#Verantwortlichkeiten
#KenneDeineAhnen
#DenkDirSelberWasAus
#NichtMeineLehreinheit

Und dann, vielleicht dann, können wir von gemeinsamen
Orten sprechen

Meine Extravaganz hat viele Farben und Formen und Zustände
Mein Ich ist vieleckig
Wie in »Snake«, dem Computerspiel, bewege ich mich
Wie eine Schlange, nur um nicht an den Rand des Spielfeldes
gedrückt zu werden
Und so stehe ich vor meinem Spiegel
beobachte mich
schaue, wie sich mein Kleid an mich anschmiegt
schaue auf meine Beine
Berühre den Nabel meiner Welt
sanft schaue ich hinauf
bemerke, dass ich schön bin
Dass mein Schwarz und mein phat und mein schief und queer
und krumm und mehr und weniger und EinOhrFühlen und big
hair und wütend und krampfend und curly und darkskinned
sind mir näher als zuvor

Ich schaue mich an
und bemerke, dass ich nackt bin
dass ich mich sehe,
ansehe
Dass das Kleid, was mich umhüllt, meine Haut ist
Und wenn ich mich betrachte,
betrachte ich auch dich und dich und dich
und ich bitte euch

Versteckt euch nicht hinter Scham, Unwissenheit, Ohnmacht
Seid nicht sauer auf mich,
weil ich sie euch immer wieder nahebringe
Seht sie als Ermächtigung für uns alle

Ich schreibe nicht
um dir zu schmeicheln
um deine Freundin zu werden
Das hier ist mein Leben
Das hier ist mein Leben
Ich bin jeden Tag wach

Erhört werden auch die, die schweigen, die Stillen,
die unsichtbar gemacht werden
Deren Stille protestiert, liebt und ringt
Wahrgenommen werdet ihr

Ich habe einen Traum
von Zeit
von Hoffnung
Tagsüber den Wolken

Nachts schlafe ich
immer nur in ungeraden Stunden
traumtief
Doch
mit einem Auge offen
dann sehe ich purpur blauen Himmel
rieche die Gewalt in Köpfen
Nachts zähle ich Ängste

Wolkenfragen

Wenn die Hoffnung um die Ecke kommt
Würdest du sie wahrnehmen?
Wirst du sie begrüßen?

Wirst du mir ein Stück deines Herzens anvertrauen?
Wirst du irgendwem dein Herz geben,
wenn es drauf ankommt?

Ist das genug?

Dein Schweigen schützt dich nicht oder Mount Lahya

Ich übermale täglich mit dickem Edding meine Eindrücke
dieser Welt
Ich kann nicht schlafen, weil sich die Bilder in mich
hineingefressen haben
Denn mit jedem neuen Newsletter,
mit jedem Öffnen von Facebook,
mit jeder Email,
da lösen sich Brocken vom Mount Lahya

Diesen Berg, den ich Stück für Stück
mit meinen eigenen Händen erbaut habe
Brocken, sie fallen hinab
Eine Fallhöhe,
die ich kaum ermessen kann
Jedes Stück hat einen Namen:
Stolz, Furchtlosigkeit, Selbstwert, Sicherheit, Sorgenfreiheit
Jedes Mal ein bisschen mehr
Jedes Mal, ein Meer
ins Meer, ins Mehr, ins Nichts?

Und meine größte Angst, dass die Statik nicht hält,
dass diese Steine eine Mauer um mich bilden
Und in ihr einen Scherbenhaufen als Abbild meines Selbst
Was es zum Wanken bringt?
Die Blicke
Auch deine,
deine wohlwollenden, zuschauenden, hinnehmenden Blicke
Sie genauer zu benennen obliegt dir
Du verstehst nicht, dass meine Evolution zusätzlich deine
Revolution braucht?

Du hast recht

Ich trage an meinen Füßen keine eisernen Fesseln von damals
Doch höre ich den tobenden Gesang der Menschen
in Nächten, in denen du ruhig schläfst
Hunderte, tausende Stimmen erklingen
Hoffnungsvoll, dass es eines Tages aufhört
♫
Und ja genau, ich arbeite nicht auf Farmen, um die Baumwolle
deiner Vorfahren zu ernten
Doch mein Herz zieht sich zusammen beim Anblick von...

Ich höre deine Gedanken
immer und immer wieder:
»Nimm es doch leichter, das bringt doch alles nichts!«
    »Lebe den Augenblick!«
»Na hör mal, ich kann doch nichts für meine Privilegien.«
    »Nimm doch die Leute so wie sie sind!«
»Mensch, du hast für alle Verständnis nur nicht für mich!«
    »Jeder Mensch hat sein Schicksal zu tragen!«
»Ich kann mir nicht helfen, aber alles, was du sagst, klingt wie
ein Angriff!«
    »Es ist halt nicht ihre Lebensrealität!«
»Kann ich denn gar nichts mehr sagen!«
    »Wir sind doch alle gleich, alles Menschen!«
»Das ist ja wohl auch Rassismus, umgedrehter Rassismus!«
    »Es ist wie es ist!«
»Es ist wie es ist!«

In mir erhebt sich ein Hurrikan im Wasserglas
Danke für deine Ratschläge
Schläge
Doch du hörst nicht mehr zu, bist es leid, dass ich alle Themen
dieser Welt aus dieser_meiner Perspektive betrachte?

Empfindest es als schwer, und schwer kannst du ja nun
wirklich nicht gebrauchen!
Und bemerkst nicht,
dass auch ich kein Schwer gebrauchen kann
Bemerkst nicht, wie sehr es mich verletzt
Doch ich habe keine Wahl
Ich spüre den Schmerz meiner Geschwister,
Ich spüre meinen Schmerz
und zusätzlich deinen lauten privilegierten Schmerz
Unmittelbar

Du findest, du hast keine Privilegien? Nicht mehr als ich?
Ja, hallt es leise nach
Jede Kugel, jede Abwertung, jeden Krankenwagen, jede_n
Ertrunkene_n, jede Scham, jede unangenehme Frage, jede
Beleidigung, jedes Nicht-Erwähnt-Werden, jeden Blick spüre
ich
Wie eine Polaroidkamera, die unentwegt Bilder knipst
Gelagert in der Asservatenkammer meiner Seele

Wieder fallen Brocken vom Mount Lahya
Dass du ein guter Mensch bist,
meinst, keinem was anzutun,
das reicht mir nicht mehr, nicht mehr
Indem du meine Erfahrungen in dieser Welt von deinen
Erfahrungen loslöst,
vor dir wegschiebst,
stellst du dich auf die Seite derer,
die an meinem Untergang feilen
Du trägst ein kollektives Erbe in dir,
so wie ich meines
Das sind deine Vorfahren, deine Kolleg_innen, Nachbar_innen,

deine Familie, Freund_innen, Kommilitonen_innen,
deine Beziehungsmenschen, deine Bezugsgruppen
Du sprichst für sie,
du
schweigst mit ihnen

Hörst du das Donnern? Hörst du das Donnern? Hörst du es?

♫

Es ist dein Schweigen
Doch dein Schweigen schützt dich nicht
Dein Schweigen schützt dich nicht
Dein Schweigen schützt dich nicht

Mein Ich ist auffällig
Doch ist es wahrnehmbar, sichtbar?
Liest du mich?
Liest du dich?

Ich zeige mich
Ich gehe nicht aus
dem Leben
Ich gehe aus
um

meine Extravaganz zu finden
Mich nicht zu zensieren
zu pulsieren
Keine Kompromisse
einzu_sitzen
einzu_gehen

Bewegungsfreiheit
Erlaubnis
Ich antworte
Immer und immer wieder
Ich antworte

Ich stelle Fragen auf Antworten

Abends an der SichTbar
Die Klarheit vernebelt Bequemlichkeiten
Buchstabengefühle glitzern
in matt
Glitzern in Schwarz
und türkis und umbra

Morgen um Morgen nach Gestern
Katerstimmung
Gefühlskaterstimmung vom Leben
Hoffnungsschwebend
und trotzdem, der Rücken schmerzt
Vom Suchen und Aufklauben unser Gemeinsamkeiten

Und wieder beginne ich das Jetzt,
weil wir sonst alle verloren haben
Immer wieder
wider
wieder

Traust du dich, von vorne anzufangen?

Buchstabengefühle ist ein mit-Buch. Ein poetisches Buch, bei dem viele Menschen auf unterschiedliche Art mit_machten – manche ganz nah, ganz spartanisch, laut, grammatikalisch, positioniert, mich beruhigend, kaffee- und geldgebend, flusensiebfühlend, musikalisch, familiär, zeichnend, fragend, lektoratisch, essenkochend, grafisch, antwortend, liebend, oricellierend, beratend, geduldig, akribisch, zuhörend, intensiv und so viel mehr. Ihr findet euch in diesen Worten, ganz bestimmt. All Ihr, die Menschen, die mit_fühlten, mit_stritten, mit_weinten, mit_lachten, mit_überlegten, mit_lärmten, mit_schwiegen, mit_dachten. Tiefer Korallendank an euch alle.

Ich möchte mich auch bei denen bedanken, die mein Über_leben gesellschaftlich boykottieren, bewusst oder unbewusst. Dank euch gehen mir nie die Buchstaben aus. Obwohl es mich jedoch oft müde macht, bemühe ich mich, die Realitäten eures Mintgrünlebens mitzudenken, zu achten – deine und meine verletzten Anteile aus verschiedenen Richtungen zu erfühlen.

Danke an den Verlag, der meine Buchstabengefühle in die Reihe dieser großartigen Veröffentlichungen mit aufnahm. Durch Euch durfte ich mich trauen, mich zu trauen, mir zu vertrauen. Danke für die unzähligen Gefühlsrunden, die Möglichkeit, die Magie der kleinen Zahlen zu spüren, das Dekolonisieren durch gutes Essen und den Mut, meine Zeilen fliegen zu lassen. Roger Ende.

Buchstabengefühle gibt es viele und schon lange, sogar vor meiner Zeit. Jeder einzelne Buchstabe hier bezeugt hunderte Ahnen, durch die ich heute sein darf. Danke für euer Wissen, eure Weisheit_en, eure Liebe, euren Kampf, eure Buchstaben.

Auch sollen alle Buchstaben hier in diesem Buch meinen Dank empfangen. Ihr wart mutig, wunderschön, oft nervig und sehr oft lauthals. Ihr habt mich bekräftigt, dass ich euch formieren, streicheln, anbrüllen, hinterfragen und besonders lieben durfte. Danke ihr Buchstaben, für eure Geduld mit mir. Ihr wart nie böse auf mich beim Wegradieren, Zerknüllen, Löschen und Austauschen. Dank euch lernte_lerne ich, mich mit mir zu versöhnen, Internalisiertes zu entlarven und mich mit denen auszutauschen, deren kollektive Befreiung mit meiner Befreiung tief verbunden ist.

Ein Dankebitteschön auch an die Lahyas: die wutgelbe Lahya, die türkisliebende, die zellophanpapierfühlende, die bodybuildingstarke, dunkellilamutige Lahya. Danke, dass ihr den Stift gehalten habt, in den vielen Momenten, in denen es schien, dass Loslassen die bessere Alternative sei.

Und liebe lesende Person, ich danke auch Dir fürs Atmen, Weiterempfehlen, Lesen, Reinfühlen und den Mut dazu, dass wir uns einander wahrhaftig begegnen können.

Afrofuturismus beschreibt die gegenwärtige Existenz sowie die zukünftigen Visionen und Utopien Schwarzer Realitäten in Kunst, Literatur, Wissenschaft und Politik. Afrofuturismus wehrt sich gegen eine Zukunft *weißer* Vorherrschaft. Afrofuturismus ist keine neue Erfindung. Viele afrikanische Kulturen erzählen schon lange afrofuturistische Geschichten wie Dystopien, Science-Fiction u. ä.

BPoC steht als Abkürzung für »**Black (People) and People of Color**« (Einzahl: Person of Color), also als Überbegriff für Menschen, die von Rassismus betroffen sind. Der Begriff kommt aus dem US-amerikanischen Kontext, findet aber auch Anwendung im deutschsprachigen Raum. Die Bezeichnung »of Color« wurde sich im englischsprachigen Kontext positiv rückangeeignet und findet im deutschen Sprachraum u. a. deswegen Verwendung, da Begriffe wie »~~farbig~~« ausschließlich diskriminierend sind und keine positive Bezeichnung darstellen. BPoC steht als Begriff für eine Solidarität trotz unterschiedlicher Rassismuserfahrungen.

CutieBPoCs bezieht sich auf die Abkürzung QTIBPoC (Queer Trans* Inter* Black and People of Color), wobei »QT« im Englischen genauso klingt wie »cutie«, was wiederum so viel heißt wie »süße, nette Person«.

Diskriminierung: Die abwertende Unterscheidung von Menschen oder Gruppen, die sich auf bestimmte Merkmale bezieht und sich durch diese zu rechtfertigen versucht. Diskriminierungsmerkmale wie Herkunft, Sprache, Befähigung, Körpernorm, sozialer Status, Klasse, Gender, Geschlecht, Alter, Religion, Behinderung, Begehren usw. werden durch entsprechende Ideologien hervorgebracht (z. B. Rassismus, Sexismus, Antisemitismus usw.). In juristischen Definitionen versteht sich Diskriminierung meist als

»ungerechtfertigte Ungleichbehandlung«, die bestimmte Personen schlechter stellt als andere. Diskriminierung kann auf strukturellen, gesellschaftlichen, institutionellen oder persönlichen Ebenen stattfinden. Auch Handlungen, die nicht intendiert, also nicht gewollt diskriminieren, können eine Diskriminierung darstellen. Diskriminierung ist gewaltvoll, bedeutet einer privilegierten Norm und Mikroaggressionen (z. B. Fragen wie »Wo kommst du wirklich her?«/»Darf ich deine Haare anfassen?«) ausgesetzt zu sein. Sie führt zu gesellschaftlichen Ausschlüssen und Traumatisierungen.

Ismen sind alle möglichen Diskriminierungsformen, da sie fast alle mit »-ismus« aufhören.

Kalunga ist eine Ahnengottheit der Völker südlich des Kongo-Flusses. Auch die Owambos, ein Volk im Norden Namibias, sind mit Kalunga verbunden. Kalunga ist sehr einflussreich in Bezug auf Wasser, Mond, Meer, Tod und Leben. Meine Mekuulu, meine Großmutter, nannte mich immer Gottes Kind, also Kalungas Kind.

Kassinga (auch Cassinga) ist eine ehemalige Stadt in der Provinz Huíla im Süden von Angola. Am 4. Mai 1978 wurde dort ein Lager für Geflüchtete vom südafrikanischen Apartheids-Militär angegriffen. Zu der Zeit lebten ungefähr 3000 geflüchtete Menschen dort – viele davon Kinder, Verletzte und ältere Menschen. Bei diesem Angriff wurden zwischen 800 und 1100 Menschen getötet. Meine mit mir schwangere Mutteer gehörte zu denjenigen Schwerstverletzten, die vorübergehend im Exil Behandlung fanden.

Katutura ist das einstige segregierte Apartheidsviertel am Rande von Windhoek, der Hauptstadt von Namibia. Nach südafrikanischem »Vorbild« wurde die Schwarze und People of Color (BPoC, s. o.) Bevölkerung in den 1950er Jahren im Rahmen der südafrikanischen Apartheidspolitik aus der Hauptstadt vertrieben. Ziel der Stadtverwaltung war es, aus Windhoek eine »*weiße*« Stadt zu machen. Katutura bedeutet in Otjiherero »Ort, an dem wir nicht leben möchten«. Heute ist Katutura mehr als das.

Levante bezeichnet eine Region im östlichen Mittelmeerraum – heute gehören Syrien, Palästina, Libanon, Jordanien, Israel und die in der heutigen Türkei liegende Provinz Hatay dazu.

Löffel zählen bedeutet, dass mache Menschen aufgrund ihres Körpers oder ihrer Seele die Tageskräfte genau planen und mitdenken müssen. Es ist ein Begriff, den Christine Miserandino ins Leben gerufen hat: die Löffel-Theorie oder auch Spoon Theory.

Maafa bedeutet in Kiswahili so viel wie »Katastrophe, Trauma, schweres Leiden«. Historisch ist Maafa in die Zeit des transatlantischen Versklavungshandels, der Kolonialisierung Afrikas und der Entrechtung der afrikanischen Bevölkerung eingebettet. »Maafa« wird heute oft als Überbegriff für das von *weißer* Hegemonie verursachte Unglück und die Ausbeutung Schwarzer Menschen benutzt.

Melanin ist ein Farbpigment, das für die verschiedenen Färbungen menschlicher Haut verantwortlich ist. In Schwarzen Bewegungen wird dieser Begriff vor allem verwendet, um die Schönheit Schwarzer und Brauner Körper zu feiern.

Oshiwambo ist eine Bantusprache, die im südlichen Angola und in Namibia gesprochen wird. Es gibt etliche Dialekte. Hier sind alle im Buch verwendeten Begriffe aufgeführt:

Eewa	Bitte (sehr).
Mekuu	Omi
Mekuulu	Großmuutter
Nde ku pandula unene	Vielen herzlichen Dank
Okwiimba	Singen
Ondikuhole	Ich liebe dich.
Ondili nawa	Mir geht es gut.
Oshikundu	Traditionelles Getränk der Owambos
Oshili	Ich weiß. / Du hast recht.
Owu li nawa?	Geht es dir gut?
Pulakena	Hör zu!
Shiveeli	Liebling, Erstgeborene

People of Color: ——› BPoC

Phat hat als Begriff seine Wurzeln in der Hip-Hop-Musik und -Kultur der USA und ist eine Abkürzung für ›pretty hot and tempting‹ (›ziemlich heiß und verlockend‹). Er sagt aus, dass dir etwas Bestimmtes gefällt. »Phat« wurde von der Body-Positivity-Bewegung (Bewegung, die dicke Körper und andere marginalisierte Körper ins Zentrum holt und gegen gängige Schönheitsideale kämpft,) als positive Bezeichnung für Körper übernommen.

Queer ist ein Begriff, der ursprünglich im englischsprachigen Raum abwertend verwendet wurde für Sexualitäten, die Normen herausfordern. »Queer« wurde sich angeeignet hin zu einer Selbstbezeichnung für verschiedenste Arten, über Heteronormativität hinauszuleben.

Resilienz meint das Aushalten-Können schwieriger Lebenssituationen: bedeutet, stark und widerständig zu sein; Diskriminierungserfahrungen zu machen und durchzuhalten und zu überleben; bedeutet weiterzumachen, auch wenn alles dagegenspricht.

H

I

P

Pan: 122
Patriachat: 111
People of Color: 68, 178, 193
People of Normativity: 68
Phat: 73
Philosophie: 66, 129, 146
Poesie/Poetry: 33, 85, 133
Politisch sein: 41
Politische Splitter: 138
Politische Wahrnehmbarkeit: 236
Polizeigewalt: 106
Positionierung: 41, 206
(Post-)Kolonialismus: 51, 102, 148, 165, 168, 196, 203
Privilegien: 41, 57, 62, 70, 132, 135, 139, 149, 159, 169, 175, 204, 206, 212, 226, 234, 242
Protection: 154
Protest: 36, 57, 97, 165, 181, 186, 223
#PruefeDeineWissensquellen: 236

Q

Queer Love/Liebe/Begehren: 119
Queersein: 115, 119, 122, 134, 135, 206, 229

R

Racial Profiling (Rassistische Polizeikontrollen): 154, 181
Radikalität: 41, 51, 69, 155
Rassismus: 45, 51, 53, 67, 68, 70, 102, 106, 148, 154, 157, 159, 163, 165, 168, 169, 173, 178, 181, 186, 193, 204, 212, 223, 236, 242
Realität_en: 115, 212
Reparationen: 51, 203
Resilienz: 37, 68, 96, 133, 204

T

Z

Stefanie-Lahya Aukongo
KALUNGAS KIND
Meine unglaubliche Reise ins Leben

Stefanie-Lahya Aukongo
»Kalungas Kind«

»Es gibt die Theorie von meinen sieben Leben.
Das klingt wie das Los einer Katze. Aber die Erzählungen der sieben Gelegenheiten, bei denen
ich nicht gestorben bin, versöhnen mich damit,
dass all das nicht spurlos an meinem Körper vo-
rübergegangen ist.«

– Stefanie-Lahya Aukongo